Sybille Wesenberg

Glücksorte in Potsdam

Fahr hin & werd glücklich

Dieses

Glücksbuch

ist für

Liebe Glücksuchende,

was ist Glück? Ich zum Beispiel hatte das Glück, dieses Buch schreiben zu dürfen über meine Heimatstadt. Potsdam, die über tausend Jahre alte Schönheit begeistert uns heute mehr denn je. Für mich als Kind war es nichts Besonderes, hier aufzuwachsen. Ich wohnte in der Nähe vom Park Sanssouci, wir gingen hier oft spazieren, im Winter liefen wir dort Schlittschuhe. Die Innenstadt war in schlechtem Zustand, Stadtschloss und Stadtkanal fehlten, mir war's egal.
Es kam die Wende, ich sah die alten Fotos vor der Zerstörung und staunte. Jahre später wurde ich Gästeführerin. Lernte viel Interessantes über die Preußischen Könige, die Potsdam prägten. Allen voran Friedrich II., der die Stadt seines Vaters in eine barocke Schönheit verwandelte. Hundert Jahre später dann der „Romantiker auf dem Thron" Friedrich Wilhelm IV., ein großer Italien-Fan. Potsdam war und ist immer noch eine romantische Stadt, meine Glücksorte sind das auch! Dazu kleine feine Geschäfte, bezaubernde Cafés oder Restaurants. Meine Liebe dafür ist spürbar, ich bin mir sicher, Sie werden sie auch mögen. Viel Spaß beim Entdecken und Genießen!!

Ihre Sybille Wesenberg

Deine Glücksorte ...

… noch mehr Glück für dich

Einmal Prinzessin sein ...

1 Schloss und Park Babelsberg

Es gibt Momente, da wünscht man sich, einmal Prinzessin zu sein. Das passiert zum Beispiel garantiert vor dem märchenhaft schönen Schloss Babelsberg. Majestätisch thront es da oben auf dem Hügel, strahlend weiß seine neogotische Architektur, Blumengärten, Ziersträucher und Wasserspiele runden das romantische Bild ab. Und dann erst die Aussicht, überwältigend der Blick über das Wasser zur Glienicker Brücke und die Potsdamer Kulturlandschaft. Da bleibt einem ja fast die Luft weg! Am besten erst einmal auf einer der Bänke die Eindrücke sacken lassen. Wer hat hier denn eigentlich mal gewohnt? Tatsächlich eine echte Prinzessin, Prinzessin Augusta von Sachsen-Weimar-Eisenach. Was für ein Name! Sie war die Ehefrau von Prinz Wilhelm von Preußen. Die Herrschaften wurden dann später auch noch Kaiser und Kaiserin. Sie ließen sich in den 1830er-Jahren das Schloss auf dem Babelsberg bauen, damals noch eine kahle Landschaft. Die Bauarbeiten erstreckten sich über viele Jahre, und da Augusta die englische Neogotik schick fand, wurde das Schloss später in diesem Stil verändert. So erstrahlt es noch heute vor unseren Augen. Die herrlichen Parkanlagen verdanken wir bedeutenden Gartenarchitekten. Fürst Hermann von Pückler-Muskau war einer davon, ja, genau der, nachdem das berühmte Eis benannt wurde. Aber das ist eine andere Geschichte. Viele Jahrzehnte lang lagen Schloss und Park im Dornröschenschlaf, die Grenzanlagen führten direkt am Schloss vorbei. Davon ist zum Glück nichts mehr zu sehen. Heute kann man rund um das Schloss spazieren, durch den Pleasureground bummeln und sich an Wasserspielen und schönen Ausblicken erfreuen. Auf verschlungenen Wegen gibt es weitere versteckte Traumplätze zu entdecken, die den Betrachter staunen lassen: Man fühlt sich berauscht – Momente der Vollkommenheit! Außerdem sollte man den Flatowturm nicht verpassen: Wenn er geöffnet ist, ist ein Turmaufstieg ein absolutes Muss.

TIPP

Kaffeepausenempfehlung: das Café Kleines Schloss Babelsberg mit herrlichem Seeblick.

- Schloss Babelsberg, Park Babelsberg 10, 14482 Potsdam
www.spsg.de/schloesser-gaerten/objekt/schloss-babelsberg
- ÖPNV: Bus 616, Haltestelle Schloss Babelsberg, Straßenbahn 94, 99, Haltestelle Alt Nowawes, wenige Minuten Fußweg

Kanalträumereien

2 Am ehemaligen Potsdamer Stadtkanal

Sitzt man auf einer der Bänke am ausgegrabenen Teilstück des ehemaligen Stadtkanals, kann man so richtig vor sich hinträumen. Was für ein Leben mag hier zu Zeiten Friedrichs des Großen geherrscht haben. Mit ein bisschen Fantasie kann man es sich gut vorstellen. Der Stadtkanal, ein alter Wasserweg, wurde schon frühzeitig von unseren Königen genutzt. Nachdem Friedrich Wilhelm I. für eine Begradigung und Vertiefung gesorgt hatte, ließ sein Sohn, Friedrich II., den circa 1,8 Kilometer langen alten Kanal verschönern, in Sandstein einfassen, auf beiden Seiten Lindenbäume anpflanzen, kunstvolle Eisengeländer anbringen und neue imposante Brücken darüber bauen. Prachtvolle Häuser entstanden an beiden Seiten, die Gegend entwickelte sich zur ersten Wohnlage. Wer hier lebte, hatte es geschafft. Aber die Sache hatte einen negativen Beigeschmack: Der Kanal hat einfach furchtbar gestunken. Das wohl größte Problem waren die Brücken, man hatte unter ihnen sogenannte Aborte gebaut. Es gab eben noch keine Kanalisation. Nun, das will man sich nicht weiter vorstellen. Viele Beschwerden gab es damals wegen der Geruchsbelästigung – man solle den Kanal doch zuschütten. Das passierte jedoch erst in den 1960er-Jahren. Heute nun sitzt man an einem rekonstruierten Teilstück des Kanals, dass zur BUGA 2001 durch einen Förderverein eröffnet wurde. Schön ist alles anzuschauen, die prachtvollen Gebäude zu beiden Seiten sind restauriert, und es fällt nicht schwer, sich in die alten Zeiten zurückzuversetzen. Das imposante Gebäude gegenüber – das Brock'sche Palais – ist ein beeindruckendes Beispiel dafür, wie Friedrich II. sein Potsdam haben wollte. Prächtiger Barock, wohl auch etwas nach dem Motto „Wer angibt, hat mehr vom Leben". Schaut man in die abzweigende Wilhelm-Staab-Straße, bekommt man noch mehr tolle Barockhäuser zu sehen. Ja, unser Friedrich der Große, der wusste, wie man Eindruck macht. Aber alle Nicht-Könige können hier auch einfach sitzen und noch ein bisschen träumen – von Fischerkähnen, die vorbeifahren, oder Schwanenfamilien, die ganz ruhig ihre Bahnen ziehen.

- Der ehemalige Stadtkanal, Yorckstraße, 14467 Potsdam
www.potsdam.de/stadtkanal-potsdam
- ÖPNV: Straßenbahn 91, 92, 94, 96, 98, Haltestelle Platz der Einheit

Druschba heißt Freundschaft

3

Die Kolonie Alexandrowka

Manchmal kommt einfach alles richtig zusammen – Geschichte, Natur und Kulinarisches – wie in der russischen Kolonie Alexandrowka! Dort steht man inmitten russischer Blockhäuser und Obstgärten und staunt ..., und erfährt dann, dass das alles mit einer großen Freundschaft zu tun hat, der zwischen dem russischen Zaren Alexander I. und dem Preußenkönig Friedrich Wilhelm III. Wie kam es denn dazu? Der König und der russische Zar kannten sich schon seit Anfang des 19. Jahrhunderts, und die Chemie stimmte einfach. Als später Napoleon mit seinen Truppen über Europa zog, wurde die Freundschaft Prüfungen unterzogen, letztendlich aber besiegte man gemeinsam den Erzfeind. Als Jahre später der König seine Tochter Charlotte mit dem Bruder des Zaren verheiratete, wurde aus den freundschaftlichen Banden auch noch eine familiäre. Entsprechend erschüttert war man, als Alexander 1825 überraschend verstarb. Friedrich Wilhelm wollte dieser Freundschaft ein Denkmal setzen, ließ die russische Kolonie bauen und nannte sie Alexandrowka – in Anlehnung an des Zaren Namen. Zwölf Wohnhäuser und ein Aufseherhaus im romantischen Blockhausstil, jedes mit einem Garten, wurden gebaut. Eingezogen sind die zwölf verbliebenen Sänger eines russischen Soldatenchores, den Friedrich Wilhelm III. gegründet hatte. Das alles verlief nicht so reibungslos, wie es hier klingen mag. Viele spannende Geschichten sind mit der Alexandrowka verbunden. Zum Beispiel die Sache mit der Kuh oder den Namensschildern an den Häusern… Ein Besuch im Museum Alexandrowka im Haus Nr. 2 ist empfehlenswert, um die faszinierende Geschichte dieser Freundschaft und der Entstehung der Kolonie zu verstehen. Wer bei all dem Staunen noch Kaffeedurst oder Hunger verspürt, kann zu den Museumsöffnungszeiten das integrierte Café besuchen. Im großen Garten mit teilweise historischen Obstbäumen fällt es nicht schwer, bei Kaffee und selbst gebackenem Kuchen die Geschichte noch einmal Revue passieren zu lassen.

TIPP

Im Haus 1 kann man rund ums Jahr so richtig in die russische Küche eintauchen!

- Russisches Museum Alexandrowka, Russische Kolonie 2, 14469 Potsdam, Tel. (03 31) 8 17 02 03, www.alexandrowka.de, www.alexandrowka-haus1.de
- ÖPNV: Bus 603, Straßenbahn 92, 96, Haltestelle Reiterweg/Alleestraße

Ein Tag im Paradies

4

In der Biosphäre Potsdam

Mit den Sommern bei uns ist es ja oft nicht so weit her, und wenn dann erst die kalte Jahreszeit kommt, freut man sich, dass Potsdam auch eine tropische Seite hat – und das zu jeder Jahreszeit! Die Biosphäre Potsdam ist immer einen Besuch wert. Im Norden der Stadt, mitten im Volkspark gelegen, ist sie gut mit der Straßenbahn zu erreichen. Der moderne Bau lässt von außen nicht ahnen, welche tropische Pracht den Besucher erwartet. Mit einem Plan ausgerüstet macht man sich auf Entdeckungstour und steht auf einmal mitten im Dschungel. Eine überreiche tropische Pflanzen- und Blumenwelt sorgt für Erstaunen. Man steht vor einem rauschenden Wasserfall, kleinen Seen mit tropischen Fischen, Schildkröten und Mandarinenten und ist von Palmen, Orchideen, farbenfrohen Bromelien umgeben. Über 20.000 Tropenpflanzen soll es hier geben. Die geheimnisvollen Geräusche eines Regenwaldes machen die Illusion perfekt. Sind wir hier wirklich noch in Potsdam? Voller Vorfreude geht es weiter zum Schmetterlingshaus. Bunte Schmetterlinge schwirren umher, und mit etwas Glück lässt sich ein großer Bananenfalter in der Nähe nieder. Oder ein neuer Falter schlüpft aus seinem Kokon, ein ganz besonderes Erlebnis. Hier könnte man stundenlang bleiben, aber es gibt noch so viel zu entdecken. Also heißt es „tschüss, ihr Schönen“ – und hinein in den Dschungel mit seinen Schlangen, Echsen, Heuschrecken – aber keine Angst, natürlich geschützt hinter Glasscheiben. Man kann sie ganz in Ruhe betrachten. In die putzigen Erdbeerköpfchen, eine Papageienart, muss man sich sofort verlieben, sie kuscheln besonders gerne mit ihrem Partner, wie romantisch. Verzaubern lassen kann man sich außerdem von einer farbenprächtigen Unterwasserwelt in der Erlebnisausstellung Aquasphäre, die einem historischen U-Boot nachempfunden wurde. Nach so viel Abenteuer wäre eine Kaffeepause jetzt das Richtige. Los geht es ins Café Tropencamp mit seiner großen Terrasse. Perfekt!

TIPP

Unbedingt den Biosphäre-Shop besuchen, er bietet eine große Auswahl an tropischen Geschenkideen.

- Biosphäre Potsdam, Georg-Hermann-Allee 99, 14469 Potsdam, Tel. (03 31) 55 07 40, www.biosphaere-potsdam.de
- ÖPNV: Straßenbahn 96, Haltestelle Volkspark, Straßenbahn 92, Haltestelle Campus Fachhochschule, etwa 300 Meter Fußweg

Erfrischung muss sein

5 In der Braumanufaktur Forsthaus Templin

Potsdam und Biertrinken – das ist ja keine ganz naheliegende Verbindung. Aber wir haben hier für Bierfans etwas ganz Besonderes: voilà – das berühmte Potsdamer Stangenbier! Ein goldgelbes, unfiltriertes Vollbier, feinherb gebittert und das auch noch in Bioqualität! Da läuft einem doch gleich das Wasser im Mund zusammen. Zur Erfrischung nach einer Radtour oder einem Stadtbummel gibt es kaum etwas Besseres. Seit gut 200 Jahren soll es die Potsdamer Stange schon geben, auf manchem historischen Stadtfoto kann man Leute mit dem typischen Stangenglas sitzen sehen. Dieses und andere Biere der Braumanufaktur Potsdam werden hier natürlich vielerorts angeboten. Aber so richtig Spaß macht es dort, wo es gebraut wird, in der Braumanufaktur Potsdam in der Templiner Straße. Mit Fahrrad, Bus oder Wassertaxi leicht zu erreichen, lockt ein gemütliches Plätzchen im kastanienbeschatteten Biergarten. Bei gut 350 Sitzplätzen sollte auf jeden Fall etwas frei sein. Bei einem Blick in die Getränkekarte werden die Augen groß: Bio-Hell, Bio-Dunkel und Potsdamer Stangenbier und die etwas ausgefalleneren saisonalen Sorten Märzen, Maibock, Weizenbier, Erntebock und Weihnachtsbock. Dazu schmeckt natürlich etwas Deftiges, wovon es eine Riesenauswahl gibt. Gerichte wie Braumeistersteak mit Kartoffelspalten, Kräuterbutter und Salat oder Rehbratwurst mit Braunbiersauerkraut, Bratkartoffeln und Senf lassen uns schon beim Lesen das Wasser im Mund zusammenlaufen. Ist dann alles bestellt, geht es los mit dem Genuss – so lässt es sich leben! In der kalten Jahreszeit oder bei Regen findet sich im urgemütlichen Restaurant ein Plätzchen, von dem man einen tollen Blick auf die kupfernen Braukessel hat. Wer wirklich einmal die Braukunst kennenlernen will, dem sei ein Brauseminar empfohlen. Termine finden sich auf der Webseite der Braumanufaktur. Aber auch diverse Events wie Schlachtfeste oder Wildwochen sind im Angebot. Da lässt man sich am besten vom Motto der Braumanufaktur leiten: „Geld alleine macht nicht glücklich – trinkt Bier!" In diesem Sinne – prosit!

TIPP

Das Waldbad Templin gegenüber ist ein toller Ort für einen kleinen Kurzurlaub.

- Braumanufaktur, Templiner Straße 102, 14473 Potsdam, Tel. (03 32 09) 21 79 79 www.braumanufaktur.de
- ÖPNV: Bus 607, Haltestelle Forsthaus Templin

BRAUMANUFAKTUR

Der Brunnen mit Schnecke

6 In der Friedenskirche

Gleich am Haupteingang zum Park Sanssouci kommen Urlaubsgefühle hoch. Das liegt daran, dass die umliegenden Gebäude fast alle in den 1840er-Jahren im italienischen Stil errichtet wurden. Der damals herrschende König Friedrich Wilhelm IV. war ein großer Italien-Fan, und da man nicht alle paar Wochen dort hinfahren konnte, musste Italien eben nach Potsdam geholt werden. So entstand die beeindruckende Friedenskirche, ein vielteiliger Gebäudekomplex, in dem es eine Menge zu entdecken gibt. Genannter König war ein leidenschaftlicher Hobbyarchitekt und skizzierte schon frühzeitig, wie er sich die zu erbauende Friedenskirche vorstellte.

Man bummelt durch die Säulengänge der Anlage, betritt staunend das Atrium mit der imposanten Jesusfigur, entdeckt das kleine Mausoleum – wer mag da wohl ruhen? Es ist Kaiser Friedrich III. – bekannt als 99-Tage-Kaiser, mehr Tage blieben ihm nicht, bereits schwer erkrankt bestieg er den Thron. Neben ihm liegt seine Frau Viktoria, Vicky genannt, die älteste Tochter der legendären Queen Victoria. In der Ecke befindet sich außerdem die letzte Ruhestätte des Soldatenkönigs, dem Vater Friedrichs des Großen. Leider kann das Mausoleum nicht besichtigt werden.

Ein paar Schritte weiter gelangt man plötzlich an diesen kleinen, entzückenden Springbrunnen. Etwas versteckt in einer Nische zieht er den Besucher magisch an. Die Brunnenschale aus Veroneser Marmor ist bildschön, man bekommt Lust, mit den Fingern über das herrliche Material zu streichen. Und dann ist sie plötzlich sichtbar, die kleine Schnecke im Brunnenboden. Generationen von Kindern haben sich schon über sie gefreut, aber auch Erwachsene schließen sie ins Herz. Obwohl es ja eigentlich keine Schnecke ist, sondern ein Ammonit. Ammoniten waren Kopffüßer, die vor Millionen Jahren im Meer lebten ... Das klingt jetzt aber nicht gerade romantisch. Ach was, nennen wir sie weiterhin Schnecke! Man kann hier noch viel mehr Schönes bestaunen, jetzt aber wird es Zeit, nun auch einmal in die Kirche zu schauen.

- Friedenskirche, Am Grünen Gitter 3, 14469 Potsdam
  www.spsg.de/schloesser-gaerten/objekt/friedenskirche
- ÖPNV: diverse Buslinien, Straßenbahn 91, 94, 98, Haltestelle Luisenplatz-Süd/Park Sanssouci

Be nice or go away

7

Im Buena Vida Coffee Club

Kaffee kann ja so glücklich machen, im Allgemeinen, aber auch im Besonderen, zum Beispiel nach einem anstrengenden Stadtbummel. Da kommt einem die Kaffeebar Buena Vida Coffee Club gerade recht. Tür auf und: Hmmm, was riecht es hier gut nach Kaffee. Grooviger Sound umschmeichelt den Besucher – hier sind wir richtig! „Be nice or go away“ ist das Motto! Nun, schlecht drauf sein kann man hier wirklich nicht, dazu gibt es viel zu viel Leckeres zum Genießen. Fangen wir bei den Kaffeekreationen an: Double Espresso Macchiato, Flat White, Iced Latte, Iced Cappuccino … ja, wie soll man sich da entscheiden? Am besten einfach alles durchtesten. Währenddessen ruhig ein bisschen entspannen und sich umschauen. Die Vitrine ist voller kleiner Leckereien, die müssen unbedingt auch noch probiert werden. Gebacken von der hauseigenen Konditorin – mit Liebe natürlich, das schmeckt man eindeutig. So erfährt man auch, dass der wunderbare Kaffee in der hauseigenen Rösterei geröstet wird und dass der Rohkaffee ausschließlich aus fairem und organischem Handel stammt. Da trinkt man den Kaffee gleich noch viel lieber. Der Bartisch am Fenster bietet einen tollen Ausblick: Draußen gibt es viel zu sehen, hier am Bassinplatz ist immer etwas los. Der Wochenmarkt lockt, die Kirche St. Peter und Paul zieht Einheimische wie Touristen an, und gleich um die Ecke geht es auf die Brandenburger Straße zum Flanieren und Einkaufen. Oder aber man schwatzt einfach noch ein bisschen mit dem Tischnachbarn, die wundervolle lockere Atmosphäre macht es nicht schwer, ins Gespräch zu kommen. In der warmen Jahreszeit kann man sich übrigens draußen auf die große Bank setzen, da ist der Unterhaltungsfaktor noch ein bisschen größer. Ach, eine Kaffeepause ist so etwas Herrliches. Um sich noch lange an dieses Genusserlebnis zu erinnern, nimmt man sich am besten schnell noch eine Packung hausgerösteten Kaffee mit.

TIPP
Die Kirche St. Peter und Paul auf jeden Fall besichtigen!

- Buena Vida Coffee Club, Am Bassin 7, 14467 Potsdam, Tel. (03 31) 87 09 33 93 www.buenavidacoffee.de
- ÖPNV: Straßenbahn 92, 96, Haltestelle Brandenburger Straße

WIFI
MVP HYDRA
Make Arabica Great

Im Farbenrausch schwelgen

8

Der Karl-Foerster-Garten in Bornim

Es gibt Orte in Potsdam, da kann man immer hingehen, denn dort ist es einfach immer schön – zum Beispiel den Foerster-Garten in Bornim. Zu jeder Jahreszeit verzaubert dieses kleine Gartenparadies den Besucher. Etwas außerhalb gelegen, ist er ein absolutes Muss für jeden Gartenfreund, aber auch für alle anderen Menschen, die Freude an Natur und Gartenkunst haben. Nach dem Eintritt durch die Gartenpforte tut sich eine riesige Blumen- und Pflanzenpracht auf, selbst im Winter ist es unglaublich faszinierend. Verschiedene Themen wie der Frühlingsweg oder das Naturbeet laden im Garten zum Entdecken ein, erst einmal zieht aber der kleine Teich im Senkgarten die Blicke auf sich. Im Sommer voller Seerosen, auf denen kleine Frösche verzücken, ist er auch in den anderen Jahreszeiten das Herzstück des Gartens. Auf den weißen Bänken lässt sich die traumhafte Umgebung in Ruhe zu genießen. Und dann heißt es: eintauchen in einen Blütenrausch, auf mehreren Ebenen kann eine überreiche Pflanzen- und Blütenfülle bewundert werden. Phlox, Astern, Rosen, verschiedene Gräser und vor allem Rittersporn – ihm galt die besondere Liebe von Karl Foerster – sind nur eine kleine Auswahl der Pracht. Jede Pflanze ist gekennzeichnet, so bleiben (fast) keine Fragen offen. Wer war nun aber Karl Foerster? In Gärtnerkreisen bis heute eine Berühmtheit, gilt er als Pionier der Staudenzucht. 1912 zog er nach Potsdam und los ging es mit dem Anlegen dieses beeindruckenden Gartens. Er züchtete unzählige Gräser und Stauden, studierte, beobachtete und experimentierte mit ihnen, um die optimale Gartengestaltung zu erreichen. Hier kann man sich bestens davon überzeugen. Rund um das Wohnhaus gibt es Wunderschönes zu entdecken, im hinteren Teil zum Beispiel das Herbstbeet und den Steingarten. Wir bummeln so dahin und sind verzaubert. Wer mehr über Foerster wissen will, findet noch heute eine große Auswahl seiner Bücher zum Kauf. Vielleicht können wir ja sein Wissen für den eigenen kleinen Garten nutzen? Ach was für ein Glück, hier zu sein!

TIPP

Mit etwas Glück kann man an einer Führung teilnehmen, Termine auf der Webseite.

- „Karl-Foerster-Garten und Wohnhaus" Ein Haus der Deutschen Stiftung Denkmalschutz, Am Raubfang 7, 14469 Potsdam www.foerster-garten.de oder www.denkmalschutz.de
- ÖPNV: Bus 612, 614, 692, Haltestelle Amundsenstraße/Potsdamer Straße

Genuss mit allen Sinnen

9

Das vietnamesische Restaurant Le's Cyclo

Eins steht fest, das Sprichwort „Das Auge isst mit" trifft im Le's Cyclo hundertprozentig zu! Beim Anblick der überaus farbenfroh servierten Speisen bekommt man sofort Appetit. Einladend empfängt uns die schöne, schlichte, etwas exotische Einrichtung des kleinen Restaurants. Schon der Name macht neugierig, was hat denn das Essen mit einem Fahrrad zu tun? Schnell erfährt man die Geschichte. Die Fahrradrikscha „Cyclo" ist ein traditionelles vietnamesisches Transportmittel aus der Zeit der französischen Kolonialzeit. Wir kennen sie alle, die Bilder des dreirädrigen Gefährts aus Vietnam. Romantisch anzusehen, wecken sie Fernweh und lassen von einer Reise nach Vietnam träumen. So geht es einem auch bei der Auswahl des Essens: Wundervoll exotisch klingende Namen wollen dazu verführen, die Speisekarte hoch und runter zu essen. Vorspeisen wie Garnelen im Frühlingsrollennetz mit süß-saurer Soße oder zartem Tofu ummantelt von knusprigen Green Rice Flakes, serviert mit einem Himbeer-Chili-Dip, lassen ahnen, was uns bei den Hauptspeisen erwartet. Nur als Vorgeschmack: Es geht in die Richtung vietnamesisches Curry mit Hühnchen, Kokosmilch, Süßkartoffeln, Bio-Hokkaido-Kürbis, frischen Kräutern, serviert mit Jasminreis. Unwiderstehlich!

TIPP

Unbedingt zum Abschluss den vietnamesischen Kaffee mit süßer Kondensmilch probieren!

Von der Besitzerin Thai Thao Le kann man viel Interessantes über die vietnamesische Küche erfahren. Ihre Mutter kommt aus Hanoi, ist leidenschaftliche Köchin und hat damit den Posten der Chefköchin ergattert. Gekocht wird traditionell nordvietnamesisch, und die Gerichte sollen Mamas Lieblingsspeisen sein. Das kann man sich gut vorstellen! Es werden außerdem immer frische Zutaten verwendet, keine Zusatzstoffe oder Glutamat, auf Wunsch gibt es das Ganze gerne auch vegan. Und wenn der Moment kommt, in dem sich der Tisch in eine kulinarische Oase der Sinne verwandelt, heißt es: bon appétit, oder besser: chúc ngon miệng!

- Le's Cyclo, Lindenstraße 4, 14467 Potsdam, Tel. (03 31) 88 73 12 77
www.lescyclo.de
- ÖPNV: Straßenbahn 91, 94, 98, Haltestelle Dortustraße, wenige Minuten Fußweg

LE'S CYCL
VIET STREET FOOD

Balsam für die Seele

10 Ein Spaziergang um den Heiligen See

Den Heiligen See im Neuen Garten kennt und liebt hier wohl jeder! Grund genug, ihn sich einmal genauer anzuschauen. Wo hat er denn seinen Namen her? Eine Antwort darauf gibt es nicht, er war schon immer und ist immer noch der Heilige See – Punkt. Los geht es am besten an seinem Südufer, dort wo die Gotische Bibliothek steht. Bereits hier bekommt man eine Ahnung von der Schönheit des Rundgangs. Einfach an dem kleinen Bauwerk vorbeischlendern und in die baumbestandene Parklandschaft eintauchen. Der Neue Garten entstand Ende des 18. Jahrhunderts, in seiner heutigen Form geht er zurück auf den Gartenarchitekten Peter Joseph Lenné, der ihn später nach englischem Vorbild gestaltete. Die großen Baumgruppen sind noch heute ein schönes Denkmal für den berühmten Herrn. Unter den uralten Bäumen zu spazieren, verschafft dem Besucher wahre Glücksgefühle, zu jeder Jahreszeit beeindrucken ihre Würde und Schönheit. Direkt am Ufer des Sees liegt das klassizistische Marmorpalais. Von hier hat man einen fantastischen Blick über den See und auf die gegenüberliegende Seite mit ihren Villen. An ihnen kommt man später zum Glück noch einmal vorbei – immerhin sollen dort heute einige Berühmtheiten wohnen. Beim Weiterbummeln am besten die Enten auf dem See beobachten und über die tollen Sichtachsen staunen, schließlich erreicht man das Grüne Haus. Hier hatte Herr Lenné seine erste Dienstwohnung, ach, der Glückliche. Weiter geht es, vorbei an Potsdams berühmtester Badestelle, wo sich in der Sommersaison unzählige Badelustige tummeln, darunter auch viele FKK-Fans. Danach überquert man die kleine Brücke über dem Hasengraben. Romantik pur! Der Weg zurück führt durch eine der feinsten Wohngegenden, die Berliner Vorstadt. Wem die Villen am See gehören, das soll jetzt doch ein Geheimnis bleiben. Aber vielleicht trifft man ja den einen oder anderen Promi vor seiner Haustür? Irgendwann stehen wir dann wieder an der Gotischen Bibliothek, was für ein schöner Spaziergang!

- Der Heilige See, Eingang Behlertstraße/Ecke Mangerstraße, 14467 Potsdam
www.spsg.de/schloesser-gaerten/objekt/neuer-garten
- ÖPNV: Straßenbahn 92, 96, Haltestelle Nauener Tor, vom Holländischen Viertel aus wenige Minuten Fußweg

Kopfsprung ins Glück

11

Lecker essen und trinken im alten Schwimmbad

Manche Orte sind einfach jedem Ur-Potsdamer ein Begriff und somit schon eine Berühmtheit. So ist es mit dem Werner-Alfred-Bad. Viele Leute bekommen glänzende Augen, wenn es um das Thema geht. „Ach, da habe ich damals schwimmen gelernt …“, und schon werden Anekdoten aus vergangenen Zeiten hervorgekramt. Irgendwie sind alle verzückt, dabei ging es hier nicht unbedingt um Spaß, denn hier wurde Schulkindern das Schwimmen beigebracht, und das ist ja bekannterweise nicht gerade ein Zuckerschlecken. Also, warum gerät man so ins Schwärmen? Es ist diese besondere Stimmung im Werner-Alfred-Bad – und auch seine Geschichte. Werner Alfred Pietschker war ein Flugpionier, der bei einem Probeflug 1911 tödlich verunglückte. Ihm zu Ehren ließ seine Mutter ein Volksbad für die Potsdamer errichten. Neben Wannenbädern gab es auch ein ovales Schwimmbecken, in dem über Jahrzehnte Schwimm-unterricht stattfand. Seit 2005 ist das Bad nun ein Gesundheitszentrum, im alten Schwimmbecken befindet sich ein kleiner Biomarkt. Neben der großen Auswahl an Bioprodukten gibt es exotischen Schmuck, Tücher, Kerzen und Rauchwaren, die darauf warten, als kleine Souvenirs mitgenommen zu werden. Wie schön, dass trotz neuer Nutzung ein Teil des alten Beckens erhalten wurde. Die nostalgische Aufschrift am gekachelten Beckenrand „Nur Speirinne benutzen“ sorgt für ein Schmunzeln. Unbedingt reinschauen! Und wenn man schon einmal hier ist, kann man es sich natürlich nicht entgehen lassen, noch etwas Gesundes zu essen oder zu trinken. Das kleine Café Kieselstein im vormaligen Badewannentrakt ist der perfekte Platz zum Schlemmen. „Biologisch, vegetarisch, vegan“ ist das Motto, und dazu wird alles mit viel Liebe frisch zubereitet – einfach nur lecker! Warme Suppen, Gerichte und Quiches, hausgebackene Torten und Kuchen, frisch gepresste Säfte, hausgemachte Limonade, Bier und Weine … und das alles natürlich in Bioqualität. Hier kann man es sich (ohne Reue) gut gehen lassen.

TIPP

Nach nur wenigen Gehminuten nach rechts geht es schon in den Park Sanssouci.

● Werner-Alfred-Bad, Hegelallee 23,14467 Potsdam
www.cafe-kieselstein.de
● ÖPNV: Bus 692, 695, Haltestelle Luisenplatz-Nord/Park Sanssouci

Nur

Traumschlösschen am Seeufer

12

Schloss und Schlossgarten Caputh

Sommerresidenzen sind nicht erst seit Friedrich dem Großen in. In der Stadt wurde regiert, auf dem Land sich davon erholt. Die herrliche Seenlandschaft um die Insel Potsdam war die perfekte Kulisse für kleine Lustschlösser. Das älteste unter ihnen können wir heute noch bewundern, Schloss Caputh mit seinem kleinen romantisch verwilderten Schlossgarten. Seiner über 350-jährigen Geschichte nach zu urteilen, hätte es bestimmt eine Menge Geheimnisse auszuplaudern. Glanzvolle Feste sollen hier gefeiert worden sein, aber auch kleine Weltpolitik betrieben. So gab man sich hier 1709 zum Dreikönigstreffen die Ehre. Danach wechselten oft die Besitzer und seine Nutzung. Heute erstrahlt das Schloss wieder in altem Glanz. Im verträumten Ort Caputh gelegen, ist es per Schiff, Auto oder Fahrrad leicht zu erreichen. Betritt man die kleine Anlage von der Hofseite, wird man von einem schlichten, aber bezaubernden Barockgebäude empfangen. Als Erstes am besten um das Schlösschen bummeln, die Rückseite mit der geschwungenen Treppe und den Blumentöpfen ist wunderschön. Der Blick in den kleinen, noch immer etwas verwilderten Park lässt das Auge zum Templiner See schweifen. Wenn das nicht Romantik ist! Auf unserem Parkbummel gelangen wir zum am Seeufer liegenden Kavaliershaus, ein Gebäude, das früher als Teil des Schlossensembles der Aufnahme des Hofstaats diente. Heute ist es ein Restaurant mit herrlichem Blick auf den Templiner See. Gleich daneben die Schiffshaltestelle der Weißen Flotte, deren Schiffe in der Saison mehrmals hier stoppen. So sollen es auch die Herren Könige beim Dreikönigstreffen gemacht haben, mit einem Prunkschiff sind sie hier angelandet. Nun ist es aber Zeit, einen Blick in das Schloss Caputh zu werfen. Klein, aber fein: die Räume des Kurfürsten Friedrich Wilhelm und seiner Gattin, die barocke Pracht ist beeindruckend. Höhepunkt ist der Fliesensaal mit circa 7500 blauweißen holländischen Fayencefliesen, der um 1720 als Speisesaal für Jagdgesellschaften eingerichtet wurde. Einfach toll!

TIPP

Gleich schräg gegenüber einen Blick auf und in die sehenswerte Dorfkirche werfen.

- Schloss und Schlossgarten Caputh, Straße der Einheit 2, 14548 Caputh, Tel. (03 32 09) 7 03 45
www.spsg.de/schloesser-gaerten/objekt/schloss-schlossgarten-caputh
- ÖPNV: Bus 607, Haltestelle Caputh Schloss, oder mit dem Schiff: www.schifffahrt-in-potsdam.de/fahrplan/linienfahrten

Hier wird's richtig bunt

13 Der Wochenmarkt auf dem Bassinplatz

Es gibt einfach Dinge, die waren scheinbar schon immer da … Haben alle Stürme der Zeit überlebt. So zum Beispiel der Wochenmarkt auf dem Bassinplatz, gleich neben der imposanten Kirche St. Peter und Paul. Seit meinen Kindertagen bieten hier die Bauern aus der Umgebung ihre Produkte an. Die nette Dame dort, die ihre Kunden so freundlich anspricht, steht schon seit über 45 Jahren hier. Von Montag bis Samstag kann man auf diesem Markt alles kaufen, was das Küchenherz so begehrt. Das Angebot ist vielfältig, Obst, Gemüse, Honig, Eier, Blumen, Pflanzen, aber auch Fleisch, Fisch, Geflügel – es bleiben keine Wünsche offen. Sollte vielleicht mal wieder ein neues Kleidungsstück fällig sein, ein flotter Sonnenhut oder ein paar neue Socken? Bitte, auch das ist im Angebot. Am besten schlendert man erst einmal ganz gemütlich an den Ständen vorbei und verschafft sich einen Überblick. Die Auswahl fällt gar nicht so leicht. Welche Tomaten sind die besten, welcher Apfel ist am knackigsten und dann diese herrlichen Erdbeeren. Ach, einfach mal probieren. Außerdem gibt es hier leckeren Kuchen und Kaffee, na, das ruft ja förmlich nach einer kleinen Verschnaufpause. Dabei lässt sich so richtig schön das Treiben auf dem Markt beobachten. Was für ein Gewimmel. Leute mit Fahrrädern, die sich durch die Menge quetschen, kleine Kinder, die quengeln, Hunde, die ihre Herrchen an der Leine zerren, Mütter mit Kinderwagen, Ehepaare mit vollen Körben, die drei Herren da, die bei einer Currywurst miteinander schwatzen, was für ein pulsierendes Leben hier herrscht. Während das Auge so umherschweift, kann man auch ein bisschen die Umgebung entdecken. Was sind denn das da drüben für hübsche kleine rote Häuser? Aha, die gehören zum Holländischen Viertel und lassen langsam ans Weitergehen denken. Ein Besuch des Holländischen Viertels sollte auf jeden Fall auch auf dem Programm stehen. Vielleicht vorher noch ein kleiner Abstecher in die katholische Kirche St. Peter und Paul, dann geht's los zum nächsten Glücksort.

TIPP

Gleich gegenüber in einem Holländerhaus den Q-Regio-Hofladen besuchen.

- Wochenmarkt auf dem Bassinplatz, 14467 Potsdam
- ÖPNV: Straßenbahn 92, 96, Haltestelle Brandenburger Straße

Kunst kommt von Können

14

Promis in der Albert Baake Galerie

Ja, was sind Promis eigentlich? Laut Internet Personen, die für ihre öffentlichen Auftritte bekannt sind. Schauspieler, Musiker und Unterhaltungskünstler zum Beispiel. Manche können noch mehr, etwa malen! Einige von ihnen präsentieren sich hier in der lichtdurchfluteten Galerie von Albert Baake. Die finden wir Am Alten Markt im rekonstruierten Palazzo Pompei. Nachdem man die schöne Fassade bestaunt hat, geht's rein zu Herrn Baake. Der Hamburger lebt seit mehr als zehn Jahren in Potsdam, seine erste Galerie im Holländischen Viertel war bereits ein Insidertipp. Aber Leben ist Veränderung, und so eröffnete er hier 2015 seine neue Galerie. Albert Baake hat Malerei und Grafik studiert und malt selbst, seine farbenfrohen Gemälde ziehen sofort den Blick an. Die exzellente Bilderauswahl in der Galerie verwundert also nicht. Nun geht es aber los auf Promisuche! Schon kann man die Bilder von Udo Lindenberg entdecken, ihr Witz und die Farbenfreudigkeit sind einfach klasse. Udo stellt schon viele Jahre in der Galerie aus, heute verbindet auch Freundschaft die beiden Herren. Und wen sehen wir da – Frank Zander –, also, jetzt wird's richtig lustig. Seine kunterbunten Bilder sind ein kleines Fest, zu schön anzusehen. Sehr interessant die Zeichnungen und Gemälde von Armin Mueller-Stahl, wow, er kann nicht nur hervorragend schauspielen, sondern auch malen! Für Freunde farbenfroher Bilder sei noch auf den amerikanischen Pop-Art-Künstler James Rizzi hingewiesen. Seine Bilder sind von teilweise kindlich-naiver Einfachheit, sie strahlen viel Fröhlichkeit und Lebensfreude aus. Aber das Angebot der Galerie umfasst noch viel mehr. Albert Baake hat sich drei Linien aufgebaut, die Prominentenmaler, die klassische Moderne und zeitgenössische Künstler. Dementsprechend findet man bei ihm auch Picasso, Max Liebermann, Miro und viele andere interessante Maler. Ja, hier gibt es wirklich was zu sehen und natürlich auch zu kaufen, also unbedingt mal reinschauen.

TIPP

Wer sich nicht gleich entscheiden kann, findet im Online-Shop eine große Auswahl.

- Albert Baake Galerie, Humboldtstraße 3, 14467 Potsdam
  www.albert-baake.de
- ÖPNV: diverse Straßenbahnlinien, Haltestelle Alter Markt/Landtag

Unikate Unikate
Janosch Orginale aus dem ZEITmagazin

Erfrischender Überblick

15 Rundgang auf der Nikolaikirche

Manche Dinge im Leben muss man sich erst verdienen – zum Beispiel den schönsten Ausblick auf Potsdam. Den bekommt man von der am Alten Markt gelegenen Nikolaikirche. Allerdings müssen dafür erst einmal gut 200 Stufen bewältigt werden, die letzten auf einer sehr engen Wendeltreppe. Dann ist es geschafft. Es geht hinaus auf die Aussichtsplattform, und ein frischer Wind zerzaust einem erst einmal die Frisur. Aber das ist gleichgültig, denn der atemberaubende Blick über die Stadt lässt es schnell vergessen. Man weiß gar nicht, wo man zuerst hinschauen soll, nach Osten, Westen oder doch lieber erst nach Norden …? Die vier großen Engel auf den Seitentürmen ziehen den Blick an, sie schauen betend oder segnend auf ihre Stadt und sehen einfach wunderschön aus. Apropos Engel, 196 von ihnen soll es innen und außen an der Kirche geben. Das hat sich der berühmte Architekt Karl Friedrich Schinkel so einfallen lassen, nach seinem Entwurf wurde die Kirche in den 1830er-Jahren gebaut. Damit ist es übrigens die Schinkel-Kirche mit den meisten Engelsgestalten. Na, das ist doch mal ein Rekord! Um sicherzugehen, dass das auch stimmt, könnte man natürlich mal nachzählen … Aber es gibt noch so viel mehr zu sehen. Golden leuchtet der Atlas auf dem ehemaligen Alten Rathaus gleich neben der Kirche, dicht daneben die Fortuna auf dem rekonstruierten Stadtschloss und etwas weiter entfernt die Caritas auf dem ehemaligen Militärwaisenhaus. Was für ein Strahlen! Was die vielen anderen Gebäude betrifft, bekommt man auf der Brüstung Hilfestellung auf Schildern, dort findet sich noch viel Wissenswertes. Aber wieso steht da etwas vom Petersdom in Rom und der St.-Pauls-Kathedrale in London? Die kann man doch nun wirklich nicht von hier aus sehen. Ganz einfach, sie waren das Vorbild für Herrn Schinkels Entwurf. Wenn es wieder Zeit zum Abstieg wird, kann man noch den schönen Innenraum der Kirche bestaunen – und, ach ja, die Engel zählen …!

- Nikolaikirche, Am Alten Markt, 14467 Potsdam
www.nikolai-potsdam.de
- ÖPNV: Straßenbahn 91, 92, 96, 98, Haltestelle Alter Markt/Landtag

Versteckte Blumenpracht

16 Im Neuen Garten

Ein wahrer Sehnsuchtsort ist der Neue Garten. Hier kann man abseits vom hektischen Alltagsleben so richtig die Seele baumeln lassen. Der Park wurde Ende des 18. Jahrhunderts von Friedrich Wilhelm II., dem Neffen von Friedrich dem Großen, angelegt. Das Verhältnis der beiden war wohl nicht ganz so gut, und so wollte Friedrich Wilhelm II. nicht im Schloss seines Onkels, dem berühmten Schloss Sanssouci, wohnen. Da half nur eins, ein neues Schloss plus Park musste her. So erwarb der Herr Neffe über Jahre diverse Grundstücke am romantischen Heiligen See und ließ diese in einen Landschaftsgarten nach englischem Vorbild umgestalten. Außerdem brauchte er natürlich ein Schloss, das Marmorpalais, gebaut im frühklassizistischen Stil. Vieles gibt es im Neuen Garten zu entdecken, verschlungene Wege ziehen sich durch den Park, und immer wieder entzückt der Blick auf den Heiligen See. Der kleine Genießer-Geheimtipp aber ist die Orangerie und die dazugehörige Gartenanlage. Man schwenkt vom Hauptweg ab, vorbei an kleinen Häusern im holländischen Stil, und steht staunend vor dem Portal eines Gebäudes. Plötzlich scheint man in Ägypten gelandet zu sein! Eine Sphinx begrüßt den Besucher, und es gibt zwei schwarz gefärbte Statuen ägyptischer Götter zu entdecken. Links am Haus vorbei gelangt man in eine kleine Gartenanlage mit bunter Blumenpracht. Was für ein paradiesisches Plätzchen! Rechts befinden sich die Pflanzenhallen der Orangerie, hier überwintern die exotischen Gewächse des Parks. Der Bau beeindruckt durch seine schlichte Architektur, seine Fenster laden zum Hineinschauen ein. Die beiden Brunnen im Garten, auf denen zwei nackte Schönheiten auf einer Kugel tänzeln, sind einfach entzückend! Und die weinumrankte Pergola in der Mitte der Anlage lädt mit ihren schattigen Bänken zum Sitzen ein. Die Leichtigkeit und Harmonie dieses Ortes lassen einen fast überquellen vor Freude, der Begriff Glücksort passt perfekt! Hier könnte man ewig bleiben …

● Neuer Garten, Am Neuen Garten, 14469 Potsdam
www.spsg.de/schloesser-gaerten/objekt/neuer-garten
● ÖPNV: Bus 603, Haltestelle Birkenstraße/Alleestraße, Straßenbahn 92, 96, Haltestelle Reiterweg/Alleestraße, wenige Minuten Fußweg

Der erste Schinkel

17 Der Pomonatempel auf dem Pfingstberg

Es gibt Glücksorte, die sind zu jeder Jahreszeit magisch, der kleine Pomonatempel auf dem Pfingstberg gehört auf jeden Fall dazu! Um ihn zu erreichen, muss man erst einmal ein Stückchen laufen. Es geht den Pfingstberg hoch, mit 76 Metern eine der höchsten Erhebungen Potsdams. Aber mal ehrlich, die nehmen wir doch im Flug, denn der Weg ist das Ziel. Vorbei am Jüdischen Friedhof, auf den es sich auch lohnt, einen Blick zu werfen, erreicht man das traumhaft schöne Belvedere. Das Aussichtsschloss thront als ausgesprochener Blickfang auf der Spitze des Berges und lässt den Besucher schnell in Begeisterung ausbrechen. „Ist das schön", kommt es fast automatisch über die Lippen! Erbaut wurde es im Stil einer italienischen Renaissance-Villa vom Italien-Fan König Friedrich Wilhelm IV. in der Mitte des 19. Jahrhunderts. Lange Zeit hat es im Dornröschenschlaf gelegen, nun ist es dank großzügiger Spenden wieder daraus erwacht und zählt mit seiner herrlichen Aussicht zu den absoluten Highlights in Potsdam. Der eigentliche Glücksort hier ist aber der kleine Pomonatempel, den der junge Karl Friedrich Schinkel gebaut hat. Es war sein Erstlingswerk, wie beeindruckend! Der nette Spruch „In jedem Winkel ein Schinkel" gilt zwar mehr für Berlin, aber trotzdem finden wir es super, dass seine Karriere in Potsdam anfing. Entzückend sieht der kleine Bau aus, auch er war stark verfallen und wurde ebenfalls durch Spenden gerettet. Heute erstrahlt er in prächtigen Farben, die vier weißen Säulen geben ihm sein antikes Aussehen. Da kommt der Name dann auch her, von Pomona, der römischen Göttin der Früchte. Die gab es hier damals reichlich, denn zur Bauzeit war das Gelände ein großer Weingarten. Sicher hatte man seinerzeit herrliche Aussichten auf die Potsdamer Umgebung, heute ist der Pfingstberg bewaldet. Sichtachsen ermöglichen aber trotzdem weite Ausblicke. Ein schöner Ort, um sich Träumereien hinzugeben. Und für Romantiker: Weinflasche und Gläser im Rucksack mitnehmen – das wird ein wundervolles Picknick …

TIPP
Auf jeden Fall die Aussicht von den Türmen des Belvedere genießen!

● Pomonatempel Pfingstberg, Pfingstberg, 14469 Potsdam
www.spsg.de/schloesser-gaerten/objekt/pomonatempel-pfingstberg
● ÖPNV: Straßenbahn 92, 96, Haltestellen Puschkinallee oder Am Schragen

Musikalischer Kaffeegenuss

18

Das Café Ricciotti im Nikolaisaal

Bummelt man durch die wunderschön restaurierte Wilhelm-Staab-Straße, muss man einfach die pastellfarbenen Barockhäuser bewundern. Wie so vieles sind auch sie Zeugnisse der Stadtverschönerung unter Friedrich II. Einfach nur beeindruckend! Ein Schild an einem großen gelben Barockbau verweist auf den Nikolaisaal, und dort gibt es auch ein Café. Ricciotti – was für ein interessanter Name. Das sollte man sich auf jeden Fall einmal näher anschauen, ein Kaffee kann ja nie schaden. Kleine Sitzgruppen laden schon vor dem Café zu einer Pause ein, aber richtig lauschig wird es im Innenhof. Was für ein entzückender Ort! Unter einem großen Kastanienbaum verteilen sich kleine runde Tische, bunte Gartenstühle warten förmlich darauf, besetzt zu werden. Na, da lässt man sich nicht lange bitten. Das Café Ricciotti gehört zum Nikolaisaal Potsdam, ein moderner Veranstaltungssaal, der mit einem beeindruckenden Programm aufwartet. Konzertkarten sind heiß begehrt! Außen besticht das Gebäude durch seine barocke Fassade. Betritt man den Nicolaisaal von der Hofseite aus, überrascht er durch seine moderne Architektur. Und da kommt dann auch der Name des Cafés ins Spiel: Rudy Ricciotti, ein französischer Stararchitekt, übernahm den Umbau des alten Gebäudes und schenkte Potsdam damit einen Konzertsaal auf höchstem Niveau. Ja, da sind wir Potsdamer stolz drauf! Man ehrte Herrn Ricciotti und benannte das kleine Café nach ihm. Die Speisekarte sieht verführerisch aus, es gibt eine große Auswahl an Speisen und Getränken, alles hausgemacht und frisch serviert, da läuft einem schon mal das Wasser im Mund zusammen. Der Mittagstisch wechselt täglich, und ein Geheimtipp sind die saisonalen Suppen. Außerdem gibt es Angebote wie Konzertmenüs bei ausgewählten Konzerten oder „Klassik zum Frühstück". Egal ob man drinnen oder draußen sitzt – das Ricciotti ist ein absoluter Glücksort!

TIPP

Hier gibt es den Steh-Espresso für 1,00 € – eine Rarität in Potsdam.

- Café Ricciotti und Nikolaisaal, Wilhelm-Staab-Straße 10, 14467 Potsdam, Tel. (03 31) 58 56 52 20, www.cafe-ricciotti.de, www.nikolaisaal.de
- ÖPNV: Straßenbahn 91, 92, 94, 96, 98, Haltestelle Platz der Einheit

Balkonschönheiten

19

Die Mangerstraße in der Berliner Vorstadt

Zu staunen gibt es in Potsdam ja wahrlich eine Menge. Unter königlicher Aufsicht wurde hier über Jahrhunderte Bedeutendes gebaut, und die besten Architekten ihrer Zeit waren gerade gut genug! Doch auch als die Königszeiten fast vorbei waren, um 1900, hat man sich nicht davon abhalten lassen, architektonische Schönheit zu erschaffen. In der Berliner Vorstadt, ein Wohnviertel, das etwa ab den 1850er-Jahren entwickelt wurde, kann man sich auch heute noch an jeder Ecke davon überzeugen. Stilvolle Villen und prächtige Mietshäuser sowie die Lage in unmittelbarer Nähe von Parks und Wasser sorgen dafür, dass dieses Wohngebiet heiß begehrt ist! Und so verwundert es nicht, dass viele Prominente sich hier angesiedelt haben. Aber das ist eine andere Geschichte. Die Mangerstraße lädt auf eine romantische Zeitreise ins 19. Jahrhundert ein. Hofbaumeister Ernst Petzholtz erkannte damals die Zeichen der Zeit und kaufte dort ein großes Stück Land. Der Trend ging hin zu Mietshäusern mit sehr großen Wohnungen. Heute steht man vor diesen beeindruckenden Bauten und lässt sich von den wundervollen kleinen Details erfreuen. Besonders die Balkone tragenden Frauenfiguren, sogenannte Karyatiden, begeistern. Ein bisschen leidtun können einem die Damen schon, was die so an Gewicht zu halten haben! Sie stammen ursprünglich aus der Antike und erfuhren offensichtlich im 19. Jahrhundert eine Renaissance, sodass man sie noch an vielen anderen Häusern im Stadtgebiet bewundern kann. Nach der Wende aufwendig restauriert, sind diese Häuserzeilen ein absoluter Blickfang und einzigartig in Potsdams Baugeschichte. Hinter vielen Häusern verbergen sich interessante Geschichten ihrer früheren Bewohner, hervorzuheben dabei die Nummer 26, die durch den Monopteros auf dem Dach auffällt. In diesem Haus bastelte man 1943 einen Sprengsatz, um Hitler bei einem Selbstmordattentat zu töten. Die Sache kam aber nicht zur Ausführung. Auch ohne spannende Geschichten ist es sehr interessant, diese schöne Wohngegend zu erkunden.

TIPP

Die Nummern 14/14a, 19, 23–27 sind Ernst Petzholtzs Werk, Nummer 32 sein ehemaliges Wohnhaus.

- Mangerstraße, 14467 Potsdam
- ÖPNV: Straßenbahn 93, Haltestelle Mangerstraße, oder 15 Minuten Fußweg vom Stadtzentrum

Bezaubernde Putten

20 Das Schloss Lindstedt und sein Park

Es gibt diesen kleinen, ganz besonderen Glücksort, er liegt etwas abseits, aber man sollte ihn auf keinen Fall verpassen: das Schloss Lindstedt und seinen Park. Etwas nördlich vom Neuen Palais gelegen, biegt man in eine kleine Chaussee ein, durchwandert ein Stück Wald, und schon steht man vor dem verträumten Schlosspark. Eine kleine verwunschene Tür führt in den Park. Was für eine Idylle! Das kleine gelb leuchtende Schlösschen und der bezaubernde Park ziehen den Besucher in ihren Bann. Kurz darauf entdeckt man sie – was für goldige Kerlchen! An den vier entzückenden kleinen Putten, die etwas in der Ecke des Parks stehen, kann man sich kaum sattsehen. Da ist einer süßer als der andere! Die möchte man am liebsten in die Wange kneifen. Sie sind Allegorien der Jahreszeiten, jeden Putto schmückt ein typisches Symbol dafür. Ist er nicht bezaubernd, der Frühling, ach was, schaut euch nur mal den Herbst mit seinen Weintrauben an … Aber es gibt noch mehr zu entdecken. Das Schloss Lindstedt wurde Mitte des 19. Jahrhunderts erbaut, König Friedrich Wilhelm IV. wollte es als Alterssitz nutzen. Dazu kam es aber nicht mehr, als es fertig war, starb er. Danach hatte es eine wechselvolle Geschichte, es beherbergte viele Jahre das Rechtsmedizinische Institut Potsdam. Lange Zeit soll hier drinnen sogar das präparierte Skelett eines sogenannten Langen Kerls, der 1727 starb, ausgestellt worden sein. Genug gegruselt, lieber weiter durch den kleinen Park bummeln, die Stille genießen und sich an der Natur erfreuen. Wie schön ist dieses Fleckchen Erde. Jetzt wäre es Zeit für ein Käffchen – oder vielleicht doch schon etwas Herzhaftes? Am besten geht man ein Stück zurück und kehrt in dem Gartenlokal Am Lindstedter Tor in der Amundsenstraße 60 ein. Die Speisekarte ist verlockend, das Essen eindeutig mit Liebe zubereitet … So lässt es sich leben!

- Schloss Lindstedt, Lindstedter Chaussee 1, 14469 Potsdam
  www.spsg.de/tagen-feiern/eventlocation/schloss-lindstedt
- ÖPNV: Bus 605, 606, 695, Haltestelle Abzweig nach Eiche

Ein malerisches Ensemble

21 Die Kellertorwache am alten Stadtkanal

Der Potsdamer Stadtkanal – wir haben ihn schon kennengelernt. Zu Zeiten Friedrichs II. gehörte er zum Stadtbild von Potsdam. Wenn man heute durch die Innenstadt bummelt, führt uns der Weg automatisch früher oder später über sein ausgegrabenes Teilstück. Hier hat man aber mal das Glück, ihn mit Wasser gefüllt zu erleben. Sieht echt toll aus! Irgendwie scheint an diesem Ort mal wieder die Zeit stehengeblieben zu sein. Hier, am östlichen Zugang der Stadt zur Havel, ließ Friedrich II. ein malerisches Ensemble bauen. Man kann noch erkennen, wo die Kellertorbrücke über den Kanal führte, und die wieder erbaute Kellertorwache ist ein echter Blickfang. Damals waren hier zwei Wachsoldaten und ein königlicher Steuerbeamter stationiert. Denn Potsdam hatte eine Stadtmauer, die Soldaten vom Desertieren abhalten sollte, und die Eingänge mussten natürlich bewacht werden. Na und da man schon mal beim Kontrollieren war, schlug man gleich zwei Fliegen mit einer Klappe: Man erhob eine Steuer, die sogenannte Akzise, auf Waren, die in die Stadt eingeführt wurden ... so einfach war das! Links und rechts vom Kanal kann man heute noch Reste der alten Stadtmauer sehen. Sie war etwa vier Meter hoch, da musste man erst einmal drüberkommen. Trotzdem haben seinerzeit eine Menge Soldaten versucht, sich aus dem Staub zu machen. Heute kann man sich aber erfreulicherweise frei in und aus der Stadt bewegen und schaut sich daher gerne noch weiter die interessante Umgebung an. Zum Glück gibt es auch hier Bänke, oder man setzt sich einfach auf die Stufen neben dem kleinen Wasserfall. Was für ein Ausblick! Die Gegend lädt zu weiteren Erkundungen ein, zum Beispiel entlang der alten Mauer Richtung Freundschaftsinsel. Oder einfach mal nachschauen, was es hinter dem kleinen Tordurchgang noch so zu entdecken gibt. Neugierig bleiben!

TIPP

Wer Fisch mag, unbedingt im Fischerhof Potsdam vorbeischauen, direkt hinter der Stadtmauer.

- Kellertorwache am Stadtkanal, Am Kanal 74, 14467 Potsdam
- ÖPNV: Straßenbahn 93, 94, 99, Haltestelle Burgstraße/Klinikum, wenige Minuten Fußweg

„Es wird durchgeblüht …“

22 Die Freundschaftsinsel

„Es wird durchgeblüht“ ist ein berühmter Ausspruch von Potsdams Ehrenbürger Karl Foerster, dem – und seinen Mitarbeitern – wir unsere schöne Freundschaftsinsel im Herzen der Stadt zu verdanken haben. Unter seiner Leitung begann in den 1930er-Jahren die gärtnerische Umgestaltung. Es wurden Blumen und Stauden angepflanzt, die rund um das Jahr ihre Schönheit zeigen. Auf einem Streifzug über die Insel kann man nur ins Schwärmen geraten! Über drei Rasenterrassen kommend, auf denen es sich herrlich picknicken lässt, gelangt man in den Staudengarten, der über verschlungene Wege an unzähligen Blumenbeeten vorbeiführt, exotische Bäume spenden Schatten, und die vielen typischen weißen Bänke laden dazu ein, eine Pause zu machen und einfach nur zu genießen! Wie in einem botanischen Garten informieren etwa 5000 (!) Schilder über die Pflanzen, sodass man bestens Bescheid weiß, wen man da vor sich hat. Wasserbecken mit Seerosen, kleine Brücken und Springbrunnen kann man entdecken. Blickfänge ganz besonderer Art bilden die vielen Skulpturen, die seit den 1960er-Jahren auf der Insel verteilt sind. „Pony“, „Kröte aus Beton“ oder „Fliegender Fisch“ heißen sie zum Beispiel, Spaß pur! Wer noch mehr Spaß braucht, schaut am Spielplatz vorbei, dessen Mittelpunkt ein Schiffswrack darstellt. Wer dort nicht mitmachen will, hat sicher trotzdem viel Freude am Geschehen. Gleich daneben befindet sich ein Bootsverleih, Hobbykapitäne sind hier genau richtig. Ob mit einem Tretboot, Kanu oder Ruderboot, die schöne Umgebung lässt sich perfekt zu Wasser erkunden. Tretboote in verschiedenen Formen wie Rennautos, „Käfer“-Modelle und ganz romantisch als Schwan erhöhen noch den Vergnügungsfaktor. Natürlich gibt's auch Kulinarisches, das Inselcafé offeriert in der Saison eine breite Auswahl für den kleinen und große Hunger. Die Freundschaftsinsel ist ein wahrer Glücksort zum Träumen, Entspannen, Genießen, Energietanken und vieles mehr.

TIPP
Die Freundschaftsinsel liegt direkt neben dem Hauptbahnhof und ist gut zu Fuß erreichbar.

- Freundschaftsinsel, 14467 Potsdam
  www.freundschaftsinsel-potsdam.de/freundschaftsinsel
- ÖPNV: Straßenbahn 91, 92, 93, 96, 98, Haltestelle Lange Brücke

Vom Stöbern & Plaudern

23 Im Tisch für Zwei

Die Lindenstraße ist uralt, sie wurde schon vor etwa 350 Jahren als eine der ersten Straßen in Potsdam angelegt. Von Zerstörung verschont, sind ihre Häuser heute ein bedeutendes Zeitdokument. Was für Geschichten wir erfahren würden, könnten sie reden ... Friedrich Wilhelm I. hat seine Soldaten hier einquartiert, viele Häuser sind später von seinem Sohn Friedrich II. im Barockstil verschönert worden. Heute überraschen sie uns durch eine Vielfalt an Restaurants, Cafés und kleinen Geschäften. Viele davon präsentieren eine Auswahl ihrer Waren vor der Tür, so wird natürlich die Neugierde geweckt. Es ist schön hier im Schatten der Lindenbäume, ein besonders liebevoll dekorierter Laden sticht ins Auge: Tisch für Zwei heißt er. Hier wird man warmherzig willkommen geheißen und fühlt sich sofort wie zu Hause. So müsste das eigene Wohnzimmer eigentlich auch aussehen. Die stimmungsvolle Beleuchtung lässt den Besucher eintauchen in eine Welt aus Naturmaterialien wie Holz, Ton und Glas. Es gibt so viel zu bewundern. Die Inhaberin des Ladens erzählt, wie wichtig ihr die Nachhaltigkeit ihrer Produkte ist. Daher sind hier fast ausschließlich skandinavische Möbel und Wohnaccessoires zu finden. Wunderschön arrangiert in Regalen, auf Tischen oder an der Wand hängend – das ist Inspiration pur! Die große Auswahl an Keramik ist einfach überwältigend, ihre schlichten klaren Formen sind toll. Traumhaft schöne Decken, Kissenbezüge, Kerzen und noch vieles mehr finden in Gedanken schon ihren Platz in der eigenen Wohnung. Wie man das alles später nach Hause bekommt, kann man sich ja dann überlegen. Erst mal noch ein bisschen weitergucken. Und dabei vielleicht noch etwas mit der Besitzerin plaudern, die davon erzählt, wie gern sie ihren Laden hat. Ihre Mutter ist Malerin, daher wohl dieses Gespür fürs Schöne. Die Liebe zu ihrem Laden ist in jedem Winkel zu spüren, diese positive Energie strahlt auf jeden ab, der hereinkommt. So wird ein Besuch im Tisch für Zwei ein absoluter Wohlfühlmoment.

- Tisch für Zwei, Lindenstraße 7, 14467 Potsdam, Tel. (03 31) 24 36 45 18
  www.tischfuer2.de
- ÖPNV: Straßenbahn 91, 94, 98, Haltestelle Dortustraße, wenige Gehminuten

24 Die Villenkolonie Neubabelsberg

Es gibt kleine Glücksorte und große, ein großer ist zum Beispiel die Villenkolonie Neubabelsberg. Bei einem Spaziergang entlang der wie Perlen auf einer Kette aufgereihten Villen am Griebnitzsee kommt man aus dem Schwärmen nicht mehr heraus. Architektur und Natur bilden hier eine harmonische Einheit. „Zur Straßenseite nicht zu protzig", bestimmte einstmals Kaiser Wilhelm I., „damit das Volk nicht unruhig wird." So lautete die knappe Bauordnung für die Villenkolonie, die ab den 1870er-Jahren, hinter Schloss Babelsberg gelegen, entstand. Das Sommerschloss des Kaisers strahlte ein wenig höfischen Glanz auf das Gebiet am Rande des Griebnitzsees aus, denn Schlossnähe hieß Kaisernähe. Los ging es mit dem Bauen, Industrielle, Bankiers, Künstler und Wissenschaftler zog es hierher. Man ließ sich die Sache einiges kosten, bedeutende Architekten ihrer Zeit durften ihr Können zeigen. Drei Frühwerke von Mies van der Rohe finden wir hier, aber auch die vielen anderen Villen sind beeindruckend. Ihre Besitzer waren ein Who is who aus Geschichte, Wirtschaft und Unterhaltung. In den 30er-Jahren des 20. Jahrhunderts traf man hier Filmstars wie Heinz Rühmann, Brigitte Horney und Marika Rökk. Wegen der Nähe zur Filmstadt Babelsberg wohnten sie einige Zeit in den Neubabelsberger Villen. Während der Potsdamer Konferenz 1945 residierten hier die alliierten Regierungschefs Harry S. Truman, Winston Churchill und Josef Stalin, und die Villenkolonie geriet in den Blick der Weltöffentlichkeit. Zu DDR-Zeiten befanden sich in den Häusern unter anderem öffentliche Einrichtungen – elf Villen beherbergten die Hochschule für Film und Fernsehen. Der See und sein Ufer galten als Sperrgebiet, die Grenze verlief damals mitten durch den Griebnitzsee. Die meisten Villen verfielen aufgrund mangelnder Erhaltungsarbeiten. Heute sind so gut wie alle Häuser wieder renoviert. Hier kann man sich auf einen Spaziergang entlang großartiger Architektur freuen. Wer die Geschichten dazu hören will, bucht am besten eine Führung durch die Villenkolonie.

TIPP

Hierzu biete ich eine tolle Stadtführung an: www.sybille-wesenberg.de.

- Villenkolonie Neubabelsberg, 14482 Potsdam
- ÖPVN: Bus 616, S-Bahn S7, Haltestelle S-Bahnhof Griebnitzsee

Reif für die Insel?

25 Die Halbinsel Hermannswerder

Mit den Inseln haben wir es ja hier irgendwie. Potsdam ist eine Insel, dann ist da die Freundschaftsinsel, und dicht daneben liegt die romantische Halbinsel Hermannswerder. Los geht es bei schönem Wetter am besten mit dem Fahrrad, das kann man sich zum Beispiel am Hauptbahnhof ausleihen. Nach kurzem Radeln schon gelangt man durch das Eingangstor aus roten Ziegeln in eine ländliche Idylle. „Ist das schön hier" möchte ich jedes Mal ausrufen! Die Naturbelassenheit dieses Fleckchens macht seinen besonderen Reiz aus. Es geht durch eine grüne Baumallee entlang einer Obstplantage, vorbei an einem imposanten Wasserturm im Hintergrund, und man kann kaum glauben, dass man eben noch im pulsierenden Stadtleben war. Auf kleinen Straßen und Wegen lässt sich die Halbinsel wunderbar entdecken. Rechtsherum wird die kleine Ansiedlung Tornow durchquert, deren Villen und Gärten ein wunderbarer Anblick sind. Linksherum geht es durch ein Gebiet, das der evangelischen Hoffbauer-Stiftung gehört. Das beeindruckende Ensemble roter Ziegelbauten erinnert an die um 1900 gegründete Stiftung für die Erziehung von elternlosen Kindern. Von den mehr als 20 Gebäuden sind noch viele zu sehen und dienen heute noch der Stiftung. Man fühlt sich um hundert Jahre zurückversetzt, vor allem zwischen dem uralten Baumstand. Was könnten die Häuser alles erzählen ...! Immer wieder lohnt sich ein Stopp, um überraschende Ausblicke aufs Wasser und die gegenüberliegenden Uferbereiche zu genießen. Die neogotische Backsteinkirche lädt zum Besichtigen ein, ihr über 50 Meter hoher Turm ist ein Blickfang. Nach so viel Sehenswertem würde ein schöner Kaffee jetzt gut passen. Zum Glück gibt es das Inselhotel, herrlich am Seeufer gelegen, lädt es förmlich zu einer Pause ein. Sitzt man dann auf der Terrasse und schweift der Blick zum See, kann man eigentlich nur feststellen, wie gut es einem doch geht. Eine tolle Alternative für die Rückfahrt ist die nördlich gelegene Seilfähre über die Havel. Sie verbindet schon seit Jahrzehnten Hermannswerder mit Potsdam-West.

- Halbinsel Hermannswerder, 14473 Potsdam
- ÖPNV: Bus 694, Haltestelle Hoffbauer-Stiftung, oder mit der Fähre

Friedrichs Weintrauben

26

Die Weinterrassen am Winzerberg

König Friedrich II. könnte man schon ein bisschen als Vorreiter in Sachen gesunder Ernährung bezeichnen, er liebte Obst sehr, es durfte zu keiner Jahreszeit auf seiner Tafel fehlen. Ganz besonders mochte er Weintrauben. Somit verwundert es nicht, dass er gleich drei Weinberge in Potsdam anlegen ließ. Die ehemalige Lehmgrube, an der er damals mit seiner Kutsche auf dem Weg zu seinem Schloss Sanssouci vorbeifuhr, muss ihm dabei ein Dorn im Auge gewesen sein. Da gab es nur eins, sie musste in einen Weinberg umgewandelt werden! Gesagt und getan, es entstand eine Terrassenanlage, die mit Weinreben und Obstbäumen bepflanzt wurde. Nach seinem Tod Jahrzehnte im Dornröschenschlaf, erweckte König Friedrich Wilhelm IV. sie zu neuem Leben. Hundert Jahre später verfiel die Anlage wieder, verwilderte, und von ihrer ehemaligen Pracht war nichts mehr zu sehen. Aber Rettung nahte, der 2004 gegründete Winzerberg-Verein nahm sich mit vielen freiwilligen Helfern der Sache an. Und so präsentiert sich heute der Winzerberg wieder in voller Schönheit, so wie die Könige ihn damals erbaut hatten. Schon von außen hat man einen großartigen Blick auf die Anlage. Das beeindruckende Triumphtor wurde 1851 von Friedrich Wilhelm IV. zu Ehren seines Bruders, des späteren Kaisers Wilhelm I., gebaut. Es imponiert durch seine aufwendige, plastische Bildsprache. Links erhöht steht das ehemalige Winzerhaus, die vier balkontragenden Schönheiten sind ein Augenschmaus. Vor uns liegen die Weinterrassen, ein großer Bacchus-Kopf lächelt herunter. Auf der nach ihm benannten Bacchustreppe führt der Weg nach oben auf die verschiedenen Ebenen. In den Sommermonaten lädt man hier zur „Bacchusstunde“ alle Genussfreudigen ein. Donnerstags und freitags von 17 bis 20 Uhr kann man bei Wein, Brot und Käse die herrliche Kulisse genießen. Die auf den Terrassenebenen platzierten Bänke und Liegestühle laden ein, die Seele baumeln zu lassen … Und wer noch mehr über die Historie dieses Ortes wissen will, kann auf Anmeldung eine kleine Führung buchen.

TIPP

Der Eingang zum Park Sanssouci liegt direkt gegenüber.

- Winzerberg, Schopenhauerstraße 23, 14469 Potsdam
www.winzerberg-potsdam.de
- ÖPNV: Bus 614, X15, Haltestelle Friedenskirche, oder 10 Minuten Fußweg vom Stadtzentrum

A2
A3
A4

Ganz versteckt glücklich sein

27

Das Café Matschke am Neuen Garten

Geheimtipps heißen ja so, weil sie noch entdeckt werden wollen. Obwohl man das vom Café Matschke eigentlich so auch wieder nicht sagen kann. Dicht am Neuen Garten gelegen, finden das Café auch immer mehr Touristen. Bei den Potsdamern hat es schon lange einen recht hohen Bekanntheitsgrad, bereits seit 1991 ist Café Matschke ein Begriff für Kunst, Kultur und Genuss. Einladend empfängt uns ein weißer Torbogen, der zu einer stolzen Villa gehört. Man gelangt auf den Hinterhof, das Café befindet sich im ehemaligen Pferdestall. Davon ist aber schon lange nichts mehr zu spüren. Ganz im Gegenteil, der idyllische Cafégarten ist überwältigend, wer im Herbst kommt, erlebt einen Farbenrausch. Kleine liebevoll dekorierte Tische laden zum Sitzen ein, alles eingebettet in viel Grün, abends vervollkommnen alte Lampen die Stimmung. Es ist einer dieser Orte, wo man sich sofort wohlfühlt. Der kleine Gastraum empfängt den Besucher wie mit einer Umarmung, leise Musik im Hintergrund, eine alte Treppe führt nach oben und die Wände sind voller Bilder und Fotografien. Denn hier gibt es neben leckerem Essen auch noch viel Kunst, zum Anschauen und Kaufen. Etwa alle sechs Wochen findet eine neue Ausstellung statt, meist von lokalen Künstlern, die hier schon kleine Berühmtheiten sind. Man kennt und schätzt sich. Auch die Speisekarte sollte man sich mal näher anschauen. Den selbst gebackenen Kuchen entdeckt man schon gleich beim Eintreten. Der Spezialität des Hauses, russischer Zupfkuchen, kann man kaum widerstehen. Und erst der Kokos-Buttermilch-Kuchen, einfach ein Traum. Leckere Kaffeekreationen machen die Auswahl schwer, von der Russischen Schokolade (mit Wodka und Sahne) ganz zu schweigen … Wer großen Hunger hat, ist hier auch richtig. Die regionale Küche variiert saisonal, und so kann man sich jedes Jahr auf die Spargel- oder Pfifferlingszeit besonders freuen. Wer es russisch mag, sollte unbedingt Borschtsch oder Pelmeni probieren. Und so wird dieser Geheimtipp wohl nicht mehr allzu lange geheim sein …

TIPP

Für Winterbesucher: Der alte Kachelofen links ist der perfekte Kuschelplatz!

- Café Matschke am Neuen Garten, Alleestraße 10, 14469 Potsdam, Tel. (03 31) 2 80 03 59, www.matschkes-galeriecafe.de
- ÖPNV: Bus 603, Straßenbahn 92, 96, Haltestelle Reiterweg/Alleestraße, wenige Minuten Fußweg

Botanische Überraschungen

28 Der Paradiesgarten an der Maulbeerallee

Paradiesgarten – der Name ist wahrlich Programm für diesen bezaubernden Ort. Von der Maulbeerallee kommend, tritt man durch eine kleine Pforte ein und erliegt augenblicklich dem Charme des Gartens. Vor uns liegt das strahlend weiße Stibadium mit seinen bunten Glasvasen auf dem Dach. Weinumrankte Pergolen schmücken das kleine Bauwerk, rechts fällt der Blick auf die Wasserkaskade mit ihrer Blumenpracht. Die antiken Figuren zu beiden Seiten tragen rankende Blumentöpfe auf dem Kopf, wie schön! Riesige Platanen überragen die Szenerie und das kleine Wasserbecken hinter dem Stibadium. Töpfe mit Hibisken, Oleandern und anderen farbenfrohen Gewächsen umranden das Becken, Bänke laden zum Träumen ein, und man kann die Fantasie schweifen lassen. Wem haben wir denn diesen bezaubernden Ort zu verdanken? Friedrich Wilhelm IV. – dem Romantiker auf dem Thron. Den Titel hat er wirklich verdient, vieles im Park Sanssouci geht auf ihn zurück. Gleich nebenan die Orangerie zum Beispiel, gebaut als Winterquartier für die tropischen Pflanzen. Na, und da man dann schon mal beim Bauen war, warum nicht gleich noch einen kleinen Rückzugsort für sich und seine Frau schaffen? So entstand dieser idyllische Garten. Angelegt als eine Mischung aus italienischem Landgut und wildem Obstgarten, ließ es sich hier sicher herrlich entspannen. Das Stibadium diente als Ruheort, dort konnte man sich der Muße hingeben. Seine pastellfarbene Innenbemalung ist immer noch zu bewundern, wenn auch nur durch ein Gitter. Heute gehört das „Gärt'l" zum Botanischen Garten, die Uni Potsdam nutzt es als Bildungs- und Forschungseinrichtung. Na, da wollen wir uns doch gleich mal weiterbilden! Eine kleine Brücke führt über den Teich voller Seerosen, und mit ein bisschen Glück zeigen sich die lustigen Frösche. Man spaziert hier durch einen Garten voll gärtnerischer Schönheit, jede Pflanze wird durch ein kleines Schild erklärt, es ist eine wunderbare Atmosphäre. Gut gemacht, Herr König!

TIPP

Oben, hinter den Wasserkaskaden, geht es durch eine kleine Tür direkt zur Orangerie.

● Paradiesgarten im Botanischen Garten, Maulbeerallee 2, 14469 Potsdam
● ÖPNV: Bus 695, Haltestelle Orangerie/Botanischer Garten

Mal wieder Dampfer fahren

29

Die Weisse Flotte Potsdam

Eine Seefahrt, die ist lustig – aber nicht nur das, auch erlebnisreich, informativ und vor allem so entspannend. Mit den Schiffen der Weissen Flotte Potsdam ist das Programm! Ob man die herrliche Schloss- und Parklandschaft vom Wasser aus erkunden, Berlin per Schiff entdecken oder einfach nur die Fahrt durch die Havellandschaften genießen will – all das ist möglich. Die moderne Flotte lässt keine Wünsche offen. Die MS Sanssouci ist das Flaggschiff, die vielen kleinen individuellen Schiffe wie MS Charlottenhof oder MS Potsdam machen es dem Passagier gemütlich. Der Geheimtipp für Nostalgiker aber ist das alte Dampfschiff Gustav, da kommt jetzt wirklich ein bisschen Seefahrtsgefühl auf. Sein lautes Tuten beim Losfahren ist fast in der ganzen Stadt zu hören und erinnert daran, endlich mal wieder Dampfer zu fahren! Der Hafen liegt im Herzen der Stadt, direkt an der Langen Brücke am Fuße des Hotels Mercure. Die Vorfreude steigt beim Anblick der Schiffe, nun gilt es sich nur noch zu entscheiden, wohin man denn fahren will. Bei schönem Wetter sitzt man natürlich am besten draußen, das Sonnendeck ist der perfekte Platz zum Genießen. Ansonsten kann man es sich im Innenbereich gemütlich machen, durch die großen Fenster ist auch hier eine gute Aussicht garantiert. Das leise Stampfen der Maschine beruhigt ganz ungemein, die Landschaft zieht langsam vorüber – Momente der Vollkommenheit. Per Lautsprecher erfährt man viel über die Gegend, die durchfahren wird, kleine Anekdoten sorgen für Unterhaltung. Für das leibliche Wohl ist auch gesorgt: In der Sonne sitzen und ein kühles Bierchen trinken, ja, so lässt es sich aushalten! Das Programm der Weissen Flotte Potsdam bietet aber noch sehr viel mehr. Nächtliche Schlösserimpressionen, kulinarische Themenfahrten oder das beliebte „Wannsee in Flammen" sind nur eine kleine Auswahl aus der Programmvielfalt. Ja, das muss jeder zugeben – Dampfer fahren macht glücklich!

TIPP
Für die speziellen Themenfahrten am besten vorher reservieren!

- WEISSE FLOTTE Potsdam, Lange Brücke 6, 14467 Potsdam, Tel. (03 31) 2 75 92 10/-20/-30, www.schifffahrt-in-potsdam.de
- ÖPNV: Straßenbahn 91, 92, 93, 96, 98, Haltestelle Alter Markt/Landtag

Mehr als nur Schrippen ...

30 Die traditionelle Bäckerei Braune

Fragt man Potsdamer nach der Bäckerei Braune, gibt es neben einer Wegbeschreibung garantiert immer leuchtende Augen! In dieser Potsdamer Institution hat wohl jeder irgendwann einmal Brot und Brötchen gekauft, früher garantiert in einer langen Schlange wartend. Da werden Kindheitserinnerungen wach, man konnte kaum über die Theke schauen, und Mutti hat einem die warme Schrippe in die Hand gedrückt. Ach ja ... diese nostalgische Atmosphäre herrscht noch heute in der beliebten Bäckerei. Kein Wunder, die Einrichtung des Verkaufsraums stammt aus den 1930er-Jahren des vergangenen Jahrhunderts, ihr historischer Charme ist schon etwas Besonderes. Die Schaufensterdekoration ein Hingucker, zwei bewegliche Bäckerfiguren kneten gemütlich Brotteig, man möchte ihnen ewig zuschauen! Bäckermeister Werner Gniosdorz, „nennen Sie mich einfach Bäcker Braune", erzählt gerne seine Geschichte. 1734 wurde das Haus schon als Bäckerei gebaut, seit 1853 befindet sich das Geschäft in Familienbesitz. In den Räumen hat sich nicht viel verändert, alles wird noch traditionell in Handarbeit zubereitet. So schmeckt Liebe zum Handwerk! Gut 2000 Brötchen werden hier täglich verkauft. Dabei hängt der Verkauf auch oft vom Wetter ab, bei Regen gehen weniger Leute zum Bäcker, ebenfalls bei großer Hitze. Nun aber endlich die berühmten „Bäcker-Braune-Schrippen" kosten, egal ob es regnet oder nicht! Dazu locken noch viele andere Sorten wie Dreisaat-Brötchen, Schoko-Quark-Brötchen und mehr. Die Auswahl an leckerem Blechkuchen muss man einfach probieren, auf Kalorien können wir später achten. Dazu frischen Kaffee und los geht's mit dem Genießen. An zwei kleinen Stehtischen kann man es sich schmecken lassen und nebenbei das wundervoll lebhafte Kundengeschäft beobachten, hier ist immer was los! Ein bisschen Proviant für den weiteren Weg mitnehmen, dann verlässt man beglückt diese traditionelle Bäckerei. Schön, dass es so etwas noch gibt!

- Bäckerei Braune, Friedrich-Ebert-Straße 101, 14467 Potsdam
  www.baeckerei-braune.de
- ÖPNV: Straßenbahn 92, 96, Haltestelle Brandenburger Straße

Auf Wunsch
erhalten Sie unser
Brot
auch geschnitten
Jeden Donnerstag:
Herzhafte
Kräuter-
schnecken
mit Frischkäse
und Kräutern
1,20 €
Stück
Schoko-
Quarkbrötchen
Stück € 0,55
Rosinenbrötchen
Stück € 0,42
Amerikaner
Stück € 1,10

Klein-Amsterdam

31 Das Holländische Viertel

Man kann außen herumgehen, links oder rechts lang, durch die eine Straße bummeln, dann durch die andere … – das Holländische Viertel macht einfach froh! Weil es so schön ist und so besonders, so faszinierend und vor allem einmalig! Wo gibt es sonst außerhalb der Niederlande so ein beeindruckendes Ensemble von holländischen Häusern? Nirgends! Wir Potsdamer sind die Glücklichen. Liebevoll restauriert sind die meisten Häuser, dass das Viertel einmal in sehr schlechtem Zustand war, ist kaum zu glauben. Im Jan Bouman Haus, einem kleinen Museum der Geschichte des Viertels, erfährt man viel über seine Entstehung: Alte Baupläne, Zeichnungen und beeindruckende historische Fotos sind ausgestellt. Ein Gang durch das Museumshaus vermittelt einen Eindruck davon, wie es sich damals lebte, und das war nicht gerade komfortabel. Heute sieht das anders aus, das Holländische Viertel ist eine begehrte Wohngegend. Kein Wunder, man erliegt sofort seinem Charme. Die wie Soldaten in einer Reihe stehenden Giebelhäuser in der Mittelstraße beeindrucken sehr, die Traufenhäuser präsentieren sich dafür mit oftmals reichem Portalschmuck. Wie schön sehen die weiß-grünen Fensterläden aus, im Herbst werden viele Fassaden noch durch rotes Weinlaub dekoriert. Restaurants, Cafés und Läden locken, viele kleine Boutiquen mit ganz besonderem Flair verführen zum Kaufen: Moderne Malerei und wunderschöne Einrichtungsideen machen die Entscheidung nicht gerade einfach. Am besten erst mal eine kleine Pause machen. Die Auswahl an Kulinarischem ist groß. Ob italienisch, französisch, thailändisch, holländisch und sogar bayerisch, es findet sich für jeden Geschmack das Richtige. Und in den Cafés wird man dann endgültig schwach. Das Holländische „Glücksort-Viertel“ ist ein Potsdamer Juwel, das man auf keinen Fall verpassen darf.

TIPP

Tulpenfest, Töpfermarkt und Sinterklaas laden jährlich zu Besuchen ein.

- Holländisches Viertel, Mittelstraße, 14467 Potsdam www.hollaendisches-viertel.com
- ÖPNV: Straßenbahn 92, 96, Haltestelle Nauener Tor

Das Glück im Bilde

32

Im Museum der Havelländischen Maler

Das Museum der Havelländischen Malerkolonie in Ferch ist ein kleiner Glücksgriff, genau wie der Ort selbst. Gut erreichbar mit Auto, Bus, Fahrrad oder dem Dampfer liegt er idyllisch am Südende des Schwielowsees, also ungefähr 15 Kilometer von Potsdam entfernt. Wer Zeit und Lust hat, dem sei auf jeden Fall eine Fahrradtour empfohlen. Ein guter Fahrradweg führt durch herrliche Buchenwälder entlang des Templiner Sees über Caputh nach Ferch. Möglichkeiten, zwischendurch kulinarische Pausen einzulegen, gibt es ausreichend. Das Örtchen geht auf die alten Slawen zurück, die fanden es hier wohl auch schon reizend, und so siedelte man sich an. Ihnen folgten später viele mehr ... Heute ist Ferch ganz schön belebt, im Sommer viel besucht von Ausflugsgästen. Kein Wunder, es ist zu schön hier! Eines der ältesten Häuser ist das Kossätenhaus, es beherbergt heute das Museum der Havelländischen Malerkolonie. Wunderschön restauriert, ist es eine kleine Perle für Kunstfans! Die Malerkolonie entstand im ausgehenden 19. Jahrhundert – die traumhafte Landschaft inspirierte Künstler sehr, und so zogen viele hierher. Allen voran der Werderaner Maler Karl Hagemeister, seine Bilder hängen in vielen Museen und vor einem Original zu stehen, führt wirklich zu einem Glücksmoment. Das Museum wechselt viermal jährlich seine Ausstellungen, aber wann immer man es besucht, begeistert es. Die kleinen Fachwerkzimmer sind schon eine Augenweide für sich, die angestrahlten Gemälde kommen toll zur Geltung – was für ein Genuss. Natürlich gibt es auch jede Menge Infos über die Künstler. Und wenn man schon kein Originalgemälde mitnehmen darf, dann tun es auch die schönen Postkarten, Bücher und Kataloge. Bevor wir uns wieder ins Örtchen bewegen, noch ein Super-Geheimtipp: Gleich um die Ecke steht die entzückende Fischerkirche, den Schlüssel dafür bekommt man auf Nachfrage im Museum. Die als Wolkenhimmel bemalte Decke ist wunderschön, der in der Mitte schwebende Taufengel aber toppt alles!

TIPP

Eine Institution ist die Fercher Obstkisten Bühne, der Besuch lohnt sich!

- Museum der Havelländischen Malerkolonie, Beelitzer Straße 1, 14548 Schwielowsee OT Ferch, Tel. (03 32 09) 2 10 25 www.havellaendische-malerkolonie.de
- ÖPNV: Bus 607, Haltestelle Ferch, Potsdamer Platz, wenige Minuten Fußweg, oder mit dem Schiff: www.schifffahrt-in-potsdam.de/die-havelseenrundfahrt

Wo man von Piroschka träumt

33

Ungarische Spezialitäten

„Jó napot kívánok" – Guten Tag – tönt es uns freundlich beim Eintreten entgegen. Neugierig wird man schon vor der Tür. „Ungarische Spezialitäten" steht auf dem Ladenfenster, die Landesflagge weht fröhlich im Wind. Drinnen versucht man die Vielfalt des Angebots zu erfassen, aber das ist gar nicht so einfach. Rot leuchtet es überall, natürlich, Ungarn ist Paprikaland, und viele der landestypischen Produkte haben die Farbe der Frucht. Edit Keller, die sympathische Ladenbesitzerin, erzählt viel Interessantes über ihr Heimatland. Ihr träumerischer Blick dabei verrät ihre große Liebe zum schönen Ungarn! In der Puszta auf einem Bauernhof aufgewachsen, kennt sie sich gut aus mit den landwirtschaftlichen Erzeugnissen ihres Landes. Seit 2005 hat sie ihren Spezialitätenladen hier in der Jägerstraße, die angebotenen Produkte sind alle persönlich ausgesucht. Fünfmal im Jahr geht es in die alte Heimat, dann werden kleine Betriebe und Manufakturen besucht, die dort hergestellten Waren verkostet und bei Gefallen für den Potsdamer Laden eingekauft. Ein Renner natürlich die Vielfalt an ungarischen Gewürzen, Paprikapulver oder -paste von mild bis extra-scharf, Marmeladen und Honig, in der Bärchen-Form abgefüllt seit Jahrzehnten ein Kultartikel. Und Paprikaschoten, Knoblauch und Zwiebeln in allen Varianten eingelegt, außerdem das original ungarische Letscho: ebenso berühmt wie lecker! Hmm … ein Blick in die Frischetheke lässt einem endgültig das Wasser im Mund zusammenlaufen: Wurstspezialitäten vom Feinsten, natürlich auch die typische ungarische Salami. Doch damit ist es noch nicht genug, die große Weinauswahl – Ungarn ist auch ein Weinland – begeistert. Mehr als 20 Weinanbaugebiete gibt es in dem kleinen Land, berühmt und hier zu erwerben der Süßwein Tokajer, aber ebenso gibt es eine große Auswahl an weiteren Qualitätsweinen. Da kann man nur noch eins wünschen: „Jó étvágyat" – Guten Appetit!

- Ungarische Spezialitäten, Jägerstraße 35, 14467 Potsdam, Tel. (03 31) 2 01 69 09 www.ungarische-spezialitaeten-potsdam.de
- ÖPNV: Straßenbahn 92, 96, Haltestelle Nauener Tor, wenige Minuten Fußweg

Eine rechts, eine links …

34 Tolle-Wolle in der Jägerstraße

Dass Stricken in ist, dürfte kein Geheimnis mehr sein. Zum Glück, wer es einmal probiert hat und sein selbst gestricktes Teil stolz trug, weiß warum. Mal ganz abgesehen vom meditativen Effekt, den das Stricken und Häkeln hat … Handarbeitszeitschriften gibt es ja genügend. Hat man sich sein Wunschteil ausgesucht, geht es los auf Wollesuche. Das geht per Internet, aber so richtig beginnt der Spaß erst in einem Wolleladen vor Ort. Diese Wunderwelt der Farben, Muster und Inspirationen ist einfach unschlagbar. Der Tolle-Wolle-Laden in der Innenstadt ist da der Glückstipp! Das bezaubernde Geschäft befindet sich in der Jägerstraße, einer wunderschönen alten Straße – an sich schon ein Anziehungspunkt. Bereits vor der Tür sieht man fantastische Strickkreationen und Wollknäuel in den schönsten Farben. Da kann man nicht anders, es zieht einen magisch rein! So muss der Handarbeitshimmel aussehen! Ein Farbenrausch umfängt den Besucher, viele bildschöne Modelle ziehen die Aufmerksamkeit an, und man vergisst auch mal schnell, was man eigentlich stricken wollte. Vielleicht doch erst mal diese schöne Jacke oder lieber einen Rock? Suzanne Koehler, die Besitzerin des Ladens, hat Modedesign studiert – das verwundert nicht, denn das kann man wirklich sehen. Kreativität und Liebe zu Handarbeiten sind hier das Maß der Dinge. Viele der ausgestellten Modelle hat sie selber gestrickt, gern gibt sie ihr Wissen weiter. Alles kann nachgestrickt oder -gehäkelt werden, die Anleitungen gibt es gleich dazu. Versteht man etwas nicht, kein Thema, Frau Koehler erklärt das! In dieser warmherzigen Umgebung kommt man auch schnell mit anderen Handarbeitsfans ins Gespräch, das gemeinsame Hobby verbindet! Vom vielen Reden und Staunen kaffeedurstig geworden? Bei Tolle-Wolle gibt's auf Wunsch gerne ein Tässchen. Ist die Traumwolle dann in der Tüte, fällt der Abschied schwer. Zum Glück kann man ja jederzeit wiederkommen!

- Tolle-Wolle Potsdam, Jägerstraße 41, 14467 Potsdam, Tel. (03 31) 88 71 35 84 www.tolle-wolle-potsdam.de
- ÖPNV: Straßenbahn 92, 96, Haltestelle Nauener Tor, wenige Minuten Fußweg

Schallplattensammlerglück

35 Silverspeed Records

Sicher, heute hört man Musik mit bestem Sound, ohne Rauschen oder Kratzen … Aber mal ganz ehrlich, was ist das doch für ein Glücksgefühl, wenn diese schwarze Scheibe auf dem Plattenteller liegt und die Nadel sich langsam hinuntersenkt … Erst mal ein Kratzen oder Rauschen, das gehört einfach zur Schallplatte dazu, bis es losgeht. Die Gitarren jaulen auf, das Schlagzeug dröhnt, und Robert Plant singt. Ja, das ist Musikglück pur! Nun, natürlich geht es auch sanft und leise, eben je nach Musikgeschmack. Ein definitives Eldorado für Schallplattenliebhaber befindet sich in der Lindenstraße. Bereits vor dem Laden gibt es zu jeder Jahreszeit Kisten voller Sonderangebote für 1 bis 5 Euro. Was für Schnäppchenpreise, da wühlt man sich gerne erst mal durch. Und dann beginnt das Herzrasen, da steht sie, die lang gesuchte Platte aus den 70er-Jahren, das wunderschöne alte Cover schon ein Kunstwerk, oh, das macht glücklich. Und dann noch für den Preis! Also, das können ruhig noch ein paar mehr werden. Ist man dann endlich im Laden, gibt es kein Halten mehr. Hier findet sich alles: Schallplatten jeder Musikrichtung, Rock und Pop, Heavy Metal, Blues, Jazz, Klassik … Mit Karsten Czok, dem Besitzer des Ladens, kommt man schnell ins Gespräch. Ach, so ein Fachsimpeln unter Plattenfans erwärmt das Herz! Er erzählt von seinem Riesenfundus an Vinyl, Nachschub kommt immer, die Leuten bieten ihm oft ihre Schätze an. Gern stöbert er auch auf Flohmärkten herum, da findet sich jedes Mal etwas. Und „Schätze" ist das Schlagwort, davon gibt's hier viele! Einfach nur mal in die Reihen der nach dem Alphabet geordneten Platten schauen und große Augen bekommen. Wunschalbum nicht dabei? Dann wird es eben bei Karsten bestellt. Manchmal muss man lange warten, bis das Objekt der Begierde eintrudelt. Aber das ist für einen Plattenfan nun wirklich kein Thema!

- Silverspeed Records, Lindenstraße 10, 14467 Potsdam, Tel. (03 31) 58 13 99 36
- ÖPNV: Straßenbahn 91, 94, 98, Haltestelle Dortustraße, wenige Minuten Fußweg

THE FUTURE IS UNWRITTEN
JOE STRUMMER
NO CONTROL
U.S. DATES
THING FISH
THIN LIZZY
MILES DAVIS
AMIGA ELECTRONICS
50TH ANNIVERSARY
STAR TREK
TV SERIES SOUNDTRACKS
BABY DRIVER
TWIN PEAKS
SOUL & FUNK A
SOUL & FUNK F
SOUL & FUNK C
SOUL & FUNK L
SOUL & FUNK K
MICHAEL JACKSON
SOUL & FUNK IJ
SOUL & FUNK P
SOUL & FUNK M
MATATA
YAMBU
BOB MARLEY

Die Ankunft der Götter

36 Der Neptunbrunnen

Ja, was sind denn das für Herrschaften? Da muss man doch mal genauer hinschauen. In einem Wasserbecken voller Seerosen schwimmen seltsame Gestalten mit Fischschwänzen und Muschelhörnern, Tritonen – griechische Meeresgötter – sind das. Wir befinden uns neben dem Hotel Mercure im ehemaligen Lustgarten, der ältesten Gartenanlage in Potsdam. Der Lustgarten war Teil eines Ensembles, bestehend aus dem Stadtschloss, dem Alten Markt und dem Havelufer. Sein Herzstück war der Neptunbrunnen. Wie so vieles in der Stadt verschönerte Friedrich II. mit großem finanziellen Aufwand die Anlage neben seinem Stadtschloss. Was muss das für eine Pracht damals gewesen sein … Das Muschelhorn im Anschlag verkündeten die Tritonen die Ankunft des Meeresgottes Neptun und seiner schönen Frau. Auf einem von zwei Pferden gezogenen Wagen kamen sie herangerauscht, begleitet von sechs Tritonen und zwei auf Delphinen reitenden Nymphen. Vor dem inneren Auge entfaltet sich diese beeindruckende Szenerie. Leider wurde die fröhliche Gemeinschaft aber im Krieg zerstört, die Figuren abgetragen und das Becken zugeschüttet. Pfiffige Potsdamer retteten einige Teile und verschönerten damit ihre Gärten. Sie sind in die interessante Rekonstruktion des Neptunbeckens wieder mit eingebaut. Mit ein bisschen Fantasie kann man sich die alte Schönheit vorstellen. Das moderne Modell aus Stahl integriert die alten Figurenreste und kombiniert es mit Kopien der Originale. Dazu gehören auch die jubelnden Tritonen. Was für ein friedliches Bild sie abgeben, die Seerosen umrahmen die Gruppe, und der Himmel spiegelt sich im Wasser. Man kann sich wunderbar auf der Wiese niederlassen und seinen Gedanken nachhängen. Oder die Schiffe der Weissen Flotte beobachten, die am Ufer liegen und auf unternehmungslustige Gäste warten. Bei Hunger oder Durst empfiehlt sich das mediterrane Restaurant El Puerto, ein schöner Blick auf den Neptunbrunnen inklusive.

TIPP

Direkt am Stadthafen und Langer Brücke gelegen, gut zu Fuß erreichbar.

- Neptunbrunnen im Lustgarten, An der Langen Brücke, 14467 Potsdam
- ÖPNV: Straßenbahn 91, 92, 93, 96, 98, Haltestelle Alter Markt/Landtag

Kunst & Kulinarisches

37 Im Hofgarten Karree

Die große Schrift über der Toreinfahrt eines Gebäudes macht neugierig – „Hofgarten Karree", das hört sich interessant an. Überraschend betritt man einen bezaubernden kleinen Hinterhof! Wunderschön restauriert beeindrucken die beiden seitlichen Fachwerkgebäude, Holztreppen führen in das Obergeschoss, die Veranden sind liebevoll mit Blumen geschmückt. Sind wir hier in Potsdam? Die Häuser haben eine lange Geschichte, sind bereits im 18. Jahrhundert gebaut worden. Die riesige Rotbuche im Hof ist nicht ganz so alt, stolz reckt sie sich gen Himmel, eine Schönheit! Ein junger Nussbaum lenkt unsere Aufmerksamkeit auf die Weinbar 16Plus. Umgeben von kleinen Holztischen lädt das idyllische Plätzchen zu einer Pause ein. Geht man hinein, begeistert die einladende, warme Atmosphäre. Ein großes, in Rottönen gehaltenes Gemälde zieht magisch den Blick an und lädt ein, es sich in der Ecke gemütlich zu machen. Die Inhaber der Weinbar sind bekennende Weinliebhaber, davon kann man sich gut überzeugen! Ihr Bekenntnis, ihre Leidenschaft und ihr Wissen mit so vielen Menschen wie möglich teilen zu wollen, ist hier das Maß. Einladend ist auch die überaus gemütliche Kellerbar, das alte Gemäuer schafft die perfekte Kulisse fürs Genießen. Seinen Lieblingswein kann man übrigens gleich vor Ort auch kaufen. Sollte Hunger aufkommen, locken mediterrane Kreationen der hauseigenen Küche. Tja, und was sagt uns der Name 16Plus? Ganz einfach: ab 16 Uhr und nach oben offen! Nicht verpassen sollte man, auch einen Blick in das Maleratelier gegenüber zu werfen. Schon die vor der Tür präsentierten farbenfrohen Gemälde beeindrucken. Wer hat die bloß gemalt? Lidiya war's! Die studierte Kunstlehrerin führt uns durch ihr Atelier, in dem sich Bilder in allen Größen stapeln. Wem die zu groß sind, der findet in ihrer „Art Box" auch viele kleine Formate. Und hier noch ein „Geheimnis" – das rote Gemälde in der Bar ist von Lidiya! Ja, Geschichte, Kunst und Kulinarisches machen das Hofgartenkarree zu einem einzigartigen Glücksort!

- Hofgarten Karree, Friedrich-Ebert-Straße 89, 14467 Potsdam
- ÖPNV: Straßenbahn 92, 96, Haltestelle Nauener Tor

DER DUFT

Einfach mal Waldbaden

38

Ein Ausflug in den Wildpark

Sehnsucht nach Ruhe und Abgeschiedenheit, in Potsdam kein Problem! Die Stadt ist bekanntlich sehr waldreich. Der Wildpark, westlich vom Park Sanssouci gelegen, lockt mit seiner ursprünglichen Schönheit. Ob mit dem Fahrrad oder als Spaziergänger, hier ist Erholung garantiert. Der Park war Teil eines Gesamtkonzepts zur Verschönerung der Brandenburger Kulturlandschaft und wurde landschaftsgestalterisch bewusst angelegt. Mitte des 19. Jahrhunderts gab der damalige König, Friedrich Wilhelm IV., seinem Hofgärtner Lenné den Auftrag, den vorhandenen Wald umzugestalten und zu verschönern. Ein Teil davon diente dem König als Wildpark zum Jagen, daher der Name. Drei Forsthäuser wurden als Eingangsgebäude gebaut, im Herzen der Anlage die Wildmeisterei. Auch diesmal war wieder Italien Inspirationsquelle, nur das Forsthaus Sanssouci-Tor schlägt aus der Art. Es beeindruckt durch seinen normannischen Stil. Am besten startet man von hier zu einem Wildparkausflug. Stolz bewachen zwei große bronzene Hirsche das Eingangstor. Sie verschwanden nach Kriegsende, standen Jahrzehnte auf einem Militärgelände und kamen erst 2006 wieder in den Park zurück. Was für ein majestätischer Anblick! Auch eine Übersichtskarte des Geländes kann man studieren. Los geht's, erst einmal zum Großen Stern, ein bezaubernder Rastplatz, zentral gelegen. Unter dem großen Schirm lässt sich hervorragend die traumhafte Waldlandschaft genießen. Die abzweigenden Wege haben sprechende Namen wie Ahorn-, Eichen-, Kastanienallee ... Die Wildmeisterei ist das größte Gebäude im Wildpark. Errichtet im italienischen Stil, lassen sich witzige Details entdecken. An einigen Ecken sind als Schmuck Tierköpfe angebracht, von oben herab schauen Fuchs, Wildschwein und Hirsch. Heute dient das Gebäude als Waldschule für die Revierförsterei. Vielleicht lässt man sich zum Schluss noch etwas durch die herrliche Landschaft treiben. Wo immer man rauskommt, der Weg zurück in die Stadt findet sich leicht.

TIPP

Kurz vor dem Forsthaus Nordtor steht rechts gut sichtbar ein interessanter Gedenkstein!

- Wildpark, Am Wildpark 1, Eingang Forsthaus Sanssouci-Tor, 14469 Potsdam
- ÖPNV: Bus 695, Haltestelle Werderscher Damm/Forststraße, Bus 605, 606, Haltestelle Bahnhof Park Sanssouci

Treppauf, treppab ...

39 Die Orangerie und ihre Terrassen

Warum nicht mal das Nützliche mit dem Angenehmen verbinden? Zum Beispiel Kalorien verbrennen und dabei den schönen Park Sanssouci genießen. Ein perfekter Ort dafür sind die Terrassenanlagen der Orangerie. Zwischen 650 und 900 Kalorien soll man pro Stunde beim Treppensteigen verbrennen. Nun gut, es muss ja nicht gleich eine Stunde sein, vielleicht ein Viertelstündchen für den Anfang? Das hellgelb leuchtende Orangerieschloss beeindruckt durch seine Größe und Schönheit. Auch dieses Gebäude wurde vom Hobbyarchitekten König Friedrich Wilhelm IV. entworfen und gebaut. Es gibt unzählige Skizzen von ihm, die zeigen, wie er sich das Schloss erträumte. Errichtet Mitte des 19. Jahrhunderts, hatte es neben seiner repräsentativen Wirkung auch praktischen Nutzen. In den links und rechts liegenden verglasten Hallen werden bis heute die tropischen Pflanzen des Parks untergestellt, im September rein und im Mai wieder raus. Herzstück des Schlosses ist der Raffaelsaal mit Kopien des Renaissancemalers Raffael, darum gruppieren sich die ehemaligen Gästeappartements. Einen Blickfang bilden die weithin sichtbaren Doppeltürme, von ihnen hat man einen fantastischen Ausblick auf die Umgebung. Nun aber zum sportlichen Teil: Zwei Terrassenanlagen komplettieren den Bau, die obere wurde zeitgleich mit der Orangerie angelegt, die untere erst 1913 zum 25-jährigen Thronjubiläum von Kaiser Wilhelm II. Geteilt wird alles durch die Maulbeerallee, hier gibt es auch eine Bushaltestelle, falls man vom Treppensteigen zu erschöpft ist. Und nun zum Kalorienverbrennen: Starten wir ganz unten, geht es beidseitig je 45 Stufen hoch. Dann über die Straße weitere 93 Stufen. Oben empfängt uns die Siegesgöttin Victoria. Gegenüber grüßt Friedrich Wilhelm IV., stolz bewacht er sein Traumschloss. Wer will, kann die Strecke ruhig noch mehrmals laufen, aber eins nicht vergessen: die wunderschönen Anlagen mit ihren Skulpturen und Blumen zu bewundern. Die Kalorien verbrennen sich dann wie von selbst ...

TIPP

Gleich links neben der Orangerie befindet sich der bezaubernde Paradiesgarten.

- Orangerieschloss im Park Sanssouci, An der Orangerie 3–5, 14469 Potsdam
  www.spsg.de/schloesser-gaerten/objekt/orangerieschloss
- ÖPNV: Bus 695, Haltestelle Orangerie/Botanischer Garten, Bus X15, Haltestelle Schloss Sanssouci, wenige Minuten Fußweg

Ich bin dann mal weg ...

40 Der JoJo Trekkingladen

Die Gutenbergstraße war nicht immer so schön wie heute. Die über 250 Jahre alten Häuser befanden sich nach der Wende in schlechtem Zustand, in vielen lebten Hausbesetzer. Ja, die gab es in der DDR auch schon! Heute erstrahlen die Häuser schöner denn je. In einem von ihnen befindet sich der tolle JoJo Trekkingladen. Das ockerfarbene Gebäude beeindruckt, die Ladenräume zeigen ihr altes Fachwerk. Ein kleines Paradies für Wanderer und Bergsteiger gilt es hier zu entdecken! Mehr als 4000 verschiedene Artikel bietet der Laden an, es dürfte hier wohl fast nichts fehlen, was das Trekkingherz begehrt. Vor allem die familiäre Atmosphäre macht es einfach, sich sofort heimisch fühlen und begeistert im Sortiment zu stöbern. Mit dem netten Personal kommt man leicht ins Gespräch. Die flippig bunten Artikel für die Outdoorküche sind ein Blickfang, Falttassen und -teller in den schönsten Farben, gleich daneben eine Riesenauswahl an schicken und umweltfreundlichen Trinkflaschen. „Das Auge trinkt mit" ist hier das Motto. Natürlich gibt es auch Bekleidung, über zweihundert Paar verschiedener Schuhe, Rucksäcke, Schlafsäcke und, und, und ... wie gesagt, mehr als 4000 Artikel. Dass dieser Laden so viel Leidenschaft und Liebe fürs Trekking ausstrahlt, hat eindeutig mit seiner Inhaberin zu tun. Petra Walter-Streitz ist schon seit einer gefühlten Ewigkeit diesem Hobby verfallen, bereits zu DDR-Zeiten ging's in den Kaukasus, die dafür benötigte Ausrüstung musste improvisiert werden. Eispickel und Steigeisen wurden in einer Werkstatt selbst geschmiedet, Daunenschlafsäcke und -jacken selbst genäht. Kaum vorstellbar, aber was macht man nicht alles aus Begeisterung! Und so kam es zu diesem Geschäft – obwohl, zuerst war da noch die Idee mit einer eigenen Reiseagentur, die ging bereits 1990 an den Start. So gehen Träume in Erfüllung, diesen Laden muss man einfach lieben!

TIPP

Den JoJo Reiseladen gibt's gleich um die Ecke in der Jägerstraße 40.

● JoJo Trekkingladen, Gutenbergstraße 93, 14467 Potsdam, Tel. (03 31) 2 80 36 04
www.jojotrekking.de

● ÖPNV: Straßenbahn 92, 96, Haltestelle Brandenburger Straße, wenige Minuten Fußweg

Wo Ruinen entzücken

41

Der Ruinenberg am Park Sanssouci

Unvergleichlich dieser fantastische Ausblick auf den Ruinenberg! Hinter uns liegt Friedrichs Sanssouci, natürlich wurden sein schönes Lustschlösschen und der Weinberg schon bewundert. Aber auch hier auf der Rückseite gibt es Spannendes zu entdecken. Zum Beispiel einen bezaubernden Springbrunnen, Viehtränke genannt, im Hintergrund die ungewöhnliche Anlage des Ruinenbergs. Bevor man sich dahin auf den Weg macht, kurz noch mal im Springbrunnen erfrischen und los geht's. Der leicht ansteigende Weg führt entlang schöner alten Baumgruppen, der große Landschaftsgärtner Peter Joseph Lenné hat Mitte des 19. Jahrhunderts das Gebiet zwischen Ruinenberg und Schloss Sanssouci zu einer parkartigen Landschaft umgestaltet. Schönheit und Ästhetik wie immer als Prinzip! Oben angekommen, bietet sich ein toller Ausblick auf Schloss Sanssouci und die Stadt. Und dann diese wunderlichen Bauten hier. Irgendwie wirkt alles ohne Zusammenhang, aber das macht es gerade so interessant. Mittelpunkt ist das große Wasserbecken, auf Zehenspitzen stehend gelingt ein Blick hinein. Auf jeden Fall besteht keine Gefahr reinzufallen! Friedrich II. diente es als Wasserreservoir, um damit seine Springbrunnen im Park zu versorgen. Es sollte eine technische Meisterleistung werden, leider klappte die Sache aber nicht. Nur einmal für kurze Zeit sprudelte eine Fontäne, unser König soll sehr verärgert gewesen sein. Um das nüchterne Wasserbecken wurde ein schöner Rahmen gesetzt, der damaligen Mode entsprechend Ruinenbauten. Ja, so hat jede Zeitepoche eben ihre Verrücktheiten! Über die große Theaterwand, die einem römischen Amphitheater nachempfunden wurde, und den Monopteros mit seinen 16 Säulen kann man nur staunen. Und noch mehr über die riesige Säulengruppe daneben – wie zufällig beim Umstürzen an diese gelehnt: eine weitere Säule! All das mit Absicht so gebaut, man hatte damals eine Menge Fantasie … ein magischer Glücksort!

TIPP

Empfehlenswert ist ein Besuch des Restaurants Zur Historischen Mühle mit seinem schönen Biergarten.

● Ruinenberg am Park Sanssouci, 14469 Potsdam
www.spsg.de/schloesser-gaerten/objekt/normannischer-turm-auf-dem-ruinenberg
● ÖPNV: Bus 695, X15, Haltestelle Schloss Sanssouci

Gesunde Backkunst

42 „Brahmii“ – die Potsdamer Eis- & Macaronfaktur

Im Holländischen Viertel eine kulinarische Pause einzulegen, ist kein Problem. „Brahmii“ – die Potsdamer Eis- & Macaronfaktur ist da so etwas wie ein Geheimtipp. Süße Leckermäulchen können sich hier auf etwas ganz Besonderes freuen: Macarons – die kleine Doppelscheibe mit der leckeren Cremeschicht. Bereits im Mittelalter soll das französische Baisergebäck aus Mandelmehl bekannt und beliebt sein. Hier gibt es sie in allen nur denkbaren Farben und Geschmacksrichtungen. Dazu sind die Schnuckelchen glutenfrei, was übrigens auf alle angebotenen Leckereien zutrifft. Die wunderschön anzuschauenden Torten bestehen aus nur fünf Zutaten, die lange aufgeschlagen und auf besondere Weise im Ofen gebacken werden. Backmischungen, Zusatzstoffe und Aromen – Fehlanzeige! Gefüllt mit Schokoladen-Orangen-Mousse oder Blaubeer-Lavendel-Mousse, um nur einige zu nennen, sind sie ganz klar ein „Muss“ für Tortenfans. Alle Zutaten sind regional und in höchster Qualität! Nicht zu vergessen: natürlich der Namensgeber der Manufaktur – „Brahmii“ – das wahrlich traumhafte Eis. Man muss es einfach probieren, denn mit Worten lässt sich dieser Genuss schwer beschreiben. Wer neugierig auf Neues ist, dem dürfte beim Apfel-Sellerie-Eis oder Schoko-Rote-Beete-Eis sofort das Wasser im Munde zusammenlaufen! Laktosefrei, vegan, glutenfrei und dazu noch möglichst zuckerarm: Da gibt es jetzt wirklich keine Ausreden mehr für maßloses Schlemmen! Produziert werden all die Leckereien übrigens direkt vor Ort – die Manufaktur befindet sich im Haus! Thea und Philipp, die beiden Inhaber, kreieren, entwickeln und erschaffen hier mit viel Herz und Leidenschaft diese Köstlichkeiten. Gemeinsam mit Mitarbeiter Peter haben sie es sich zum Ziel gesetzt, „gesunde und ehrliche Tortenkunst“ anzubieten. Und wer es selbst mal probieren will – es gibt Backkurse! Oder man bestellt sich einfach alles nach Hause ..., aber am besten schmeckt's dann doch wohl im kleinen Café oder draußen auf der schönen Terrasse mit Blick auf die Holländerhäuser.

- Manufaktur Brahmii, Benkertstraße 23, 14467 Potsdam, Tel. (03 31) 23 16 32 32
www.brahmstaedts.de
- ÖPNV: Straßenbahn 92, 96, Haltestelle Nauener Tor

BRAHMSTAEDTS
Brahmii

Eine weiße Schönheit

43

Das Treppenhaus im Großen Waisenhaus

Die goldene Caritas, die Göttin der Nächstenliebe und Barmherzigkeit, thront weithin sichtbar über Potsdam. Sie krönt eines der bedeutendsten Bauwerke, das ehemalige Militärwaisenhaus Potsdam. Das Bauensemble gilt als größter Barockbau der Stadt und geht auf Friedrich II. zurück. Vor dem beeindruckenden Gebäudekomplex stehend, fragt man sich, was dieses Haus so alles erzählen könnte ... Nun, erst einmal seine interessante Geschichte, deren Beginn dem Vater von Friedrich II. zu verdanken ist. Friedrich Wilhelm I. – der „Soldatenkönig" – ließ den Vorgängerbau in den 1720er-Jahren als Erziehungs- und Ausbildungsstätte für Soldatenkinder und Militärwaisen bauen. Hier wurden Kinder zwischen sechs und 16 Jahren im Lesen, Schreiben, Rechnen und Christentum unterrichtet, auch ein Beruf wurde erlernt. Die Einrichtung war eine Stiftung, sie besteht heute noch unter dem Namen „Großes Waisenhaus zu Potsdam" und fördert Projekte zur Jugendarbeit. Über die Jahrhunderte hat sich der Charakter des Hauses mehrfach verändert, wer mehr über die Geschichte wissen will, dem sei ein Besuch des Waisenhaus-Museums empfohlen. Friedrich II. ließ das Gebäude seines Vaters im prachtvollen Barockstil vergrößern, so steht es heute vor uns. Das Dach schmückt ein Monopteros, ein Rundbau mit Säulen, mit seiner weithin leuchtenden Caritas. Nach dem Eintritt durch den Haupteingang erwartet den Besucher etwas ganz Besonderes: Man nennt es heute noch liebevoll „eines der schönsten Treppenhäuser Europas". Da kann man wohl zustimmen, auch wenn man ja nun nicht alle kennt … Wir verdanken dieses Kunstwerk dem Architekten Carl von Gontard, viele seiner Potsdamer Bauwerke sind heute noch zu bewundern. Das Treppenhaus strahlt in kühlem Weiß, die schmiedeeisernen Geländer sind eine Augenweide, und ganz oben öffnet sich die Sicht auf den Monopteros. Wahrlich eine Augenweide – und ein Glücksort, weil spannende Geschichte sich hier mit wundervoller Architektur verbindet.

TIPP

Wer das Waisenhaus-Museum besuchen will, sollte sich unbedingt vorher anmelden.

● Stiftung Großes Waisenhaus zu Potsdam, Breite Straße 9a, 14467 Potsdam, Tel. (03 31) 28 14 66, www.stiftungwaisenhaus.de

● ÖPNV: Bus 606, X15, Haltestelle Naturkundemuseum

Was für eine Idylle

44 Die Handweberei in Geltow

„Was für eine Idylle" – das kommt einem unweigerlich über die Lippen, wenn man den Hof der kleinen Handweberei betritt. Hier im alten Dorfkern von Geltow fühlt man sich wie in eine andere Zeit versetzt. Im Jahre 993 zum ersten Mal als Geliti erwähnt, ist Geltow heute ein Vorort von Potsdam. Doch er präsentiert sich ganz anders – Natur und Wasser sind seine Pfunde. Egal ob mit dem Fahrrad, Bus oder Auto, die schöne Landschaft und der Schwielowsee begeistern entlang der Strecke. Vorbei an kleinen Häusern mit bunten Vorgärten führt der Weg zum alten Weberhäuschen mit seinem denkmalgeschützten Webhof. 1939 gegründet, pflegt das Aktive Museum noch die Kunst der Handweberei. Das sollte man sich ruhig einmal näher ansehen. In der Werkstatt gibt es auf Schautafeln und an Modellen mehr über die heute nicht mehr alltäglichen Arbeiten des Weberhandwerks zu erfahren. Da die Webstühle noch immer zur Produktion genutzt werden, kann man sogar den Fachleuten über die Schulter schauen. Fragen werden gerne beantwortet und die Funktionsweise des Handwebstuhls und die Webtechnik erklärt. Gearbeitet wird an 16 originalen Webstühlen aus aller Welt. Die schönsten Stoffe, die man sich vorstellen kann, entstehen hier. Kissen, Möbelstoffe, Wolldecken, Haushaltstextilien und individuelle, maßgeschneiderte Kleidung können im kleinen gemütlichen Laden erstanden werden, ganz zu schweigen von all den anderen wunderbaren Dingen wie Keramik, Schmuck, Tücher und Mützen. Herz – was willst du mehr! Um die Glücksgefühle endgültig überborden zu lassen, sollte man es sich abschließend noch im kleinen Gartencafé gemütlich machen. Der bezaubernde Innenhof mit seinen bunt zusammengewürfelten Möbeln verzückt. Es gibt leckeren hausgebackenen Kuchen je nach Saison – der Apfelkuchen ist einfach himmlisch! Kaffeevariationen und selbst gemachte Limonade verführen zum Genießen. Kinder, geht es uns gut! Was für ein bezauberndes Plätzchen – ein wahrer Glücksort!

TIPP

Die Dorfkirche schräg gegenüber mit ihren bunten Dachziegeln ist einen Abstecher wert.

● Handweberei Henni Jaensch-Zeymer, Am Wasser 19, 14548 Schwielowsee OT Geltow, Tel. (0 33 27) 5 52 72, www.handweberei-geltow.de
● ÖPNV: Bus 631, Haltestelle Geltow, Am Pappeltor

Potsdam per pedales

45 Auf Fahrrad-Entdeckungstour

Der Sitz eines Fahrrads ist in Potsdam, etwas augenzwinkernd ausgedrückt, eindeutig ein Glücksort! Es gibt keine bessere Möglichkeit, die herrliche Umgebung zu erkunden, als mit dem Fahrrad. Es macht Riesenspaß durch die Gegend zu radeln, denn es gibt so viel zu sehen. Dazu kommt noch, dass es der Gesundheit guttut, rund 300 Kalorien soll der Körper beim Radeln pro Stunde durchschnittlich verbrennen! Damit haben wir also eine gute Ausrede, ab und zu einen kulinarischen Zwischenstopp einzulegen. Gelegenheiten dazu gibt es auf den vielen möglichen Fahrradtouren genügend. Wer Potsdam per Rad erkunden will, sollte sich am besten zuerst eine Radwanderkarte kaufen, die es in Buchläden oder Touristeninformationen gibt. Verschiedene Ausleihstationen im Stadtzentrum bieten eine große Auswahl an Fahrrädern. Empfehlenswert ist das öffentliche Fahrradverleihsystem PotsdamRad, das an vielen Stationen über 200 Fahrräder zum Verleih bereithält. Das Ausleihen ist einfach, die Anmeldung erfolgt online über www.nextbike.de oder per Telefon. Wer weitere Strecken plant, schaut bei einer der Fahrradausleihstationen vorbei, die eine große Auswahl verschiedener Räder für jeden Anspruch haben. Und dann kann es losgehen – gerne auch immer der Nase nach: Da Potsdam eine Insel ist, kann nichts schiefgehen, irgendwann kommt man schon wieder am Ausgangspunkt an. Tipps für Touren gibt es auch an den Ausleihstationen. Wunderschöne Uferwege ziehen sich um die ganze Stadt, immer wieder laden Bänke zu Pausen ein, die waldreiche Umgebung eignet sich perfekt zum Entspannen. Aber auch die Innenstadt lässt sich hervorragend „per pedales“ erkunden. Zu beachten ist: Das Fahrradfahren in den Parks der Stiftung Preußische Schlösser und Gärten ist – bis auf wenige Ausnahmen auf gekennzeichneten Wegen – nicht erlaubt. Schließlich möchten wir als Spaziergänger ja auch nicht beim Bummeln umgefahren werden.

TIPP

Fahrräder gibt's bei: www.nextbike.de, www.potsdam-per-pedales.de.

● Potsdam per Fahrrad erkunden

HAVEL

Bücherwürmer aufgepasst!

46

Die Stadt- und Landesbibliothek

Echte Leseratten würden ja am liebsten alle ihre Lieblingsbücher bei sich zu Hause horten. Nun, wer viel Platz hat, der kann das machen. Für Leute mit kleinerem Wohnraum sieht es schlechter aus, aber es gibt eine Rettung: Bibliotheken! Ach, was ist es für ein Glücksgefühl, an den vielen Bücherregalen entlangzuwandeln, hier mal ein Buch rauszuziehen, dort mal kurz reinzulesen, um sie dann doch am besten gleich alle mitzunehmen – zumindest für ein paar Wochen. Die Stadt- und Landesbibliothek Potsdam ist ein wahrer Glücksort für Bücherwürmer. Das moderne Gebäude mit seinen hellen Räumen, großzügigen, gemütlichen Sitzgruppen und der Riesenauswahl an Büchern, Zeitschriften, DVDs, CDs und vielem mehr lädt zum Stöbern und Entspannen ein. Hier gibt es so gut wie alles, was das Leseherz begehrt. Die Bereiche Romane, Bestseller, Hörbücher, Musik, Kinderwelt, Zeitschriften und vieles mehr verführen uns zum Schmökern und Entdecken. Auf jeden Fall genügend Zeit mitbringen! Eine Besonderheit ist die Regionalsammlung „Brandenburgica“ im Obergeschoss, die bedeutendste Sammlung zur Geschichte Brandenburgs. Für Geschichtsfans eine Offenbarung! Und es gibt ein riesen Angebot an Sachliteratur: von Geografie, Naturwissenschaften, Kunst und Gesundheit über Politik und noch vieles mehr. Alles steht dem Wissbegierigen zur Verfügung. Und die Neuheiten auf dem Fachbuchmarkt werden wirkungsvoll und großflächig präsentiert. Wer kann da widerstehen? Jetzt wäre es schön, einen Kaffee zu genießen und die erbeuteten Schätze in Ruhe zu begutachten. Ein Glück, dass es in der Bibliothek das bezaubernde Café etc. gibt. Mit seiner gemütlichen Einrichtung – die großen alten Sessel sind mein Geheimtipp – und dem tollen Angebot an Kaffeespezialitäten, Kuchen und Snacks erreicht das Glücksgefühl seinen Höhepunkt. Am liebsten würde man sich hier einschließen lassen, um die ganze Nacht weiterzuschmökern. Wem das nicht gelingt, der lässt eben alles registrieren – und ab damit nach Hause aufs Sofa. So nah kann das Glück sein!

TIPP

Hier finden viele interessante Veranstaltungen statt, einfach mal auf der Webseite nachschauen.

- Stadt- und Landesbibliothek im Bildungsforum Potsdam, Am Kanal 47, 14467 Potsdam, www.bibliothek.potsdam.de
- ÖPNV: diverse Straßenbahnlinien, Haltestellen Platz der Einheit

Keramik & Geschichte

47 Das Museumshaus Im Güldenen Arm

Aufwendig wurde der Fachwerkbau des Museums Im Güldenen Arm restauriert – und das hat sich gelohnt: Das Haus ist ein Blickfang, die schöne Fassade mit ihren gelben Balken und dem auffälligen Eingangsportal besitzt eine magische Anziehungskraft. Die reich geschmückte Torumrahmung und die geschnitzten Teufelsmasken über den Fenstern machen neugierig auf die Geschichte des Hauses. Gebaut wurde es um 1737 für den Holzbildhauer und Brauer August Melchior Erhardt. Damit jeder wusste, wer hier wohnte, verzierte man den Eingang mit lustigen Putten, die mit typischen Handwerkszeugen das Geschäft des Hausherrn widerspiegelten. Das Motiv des güldenen Arms und damit der Name des Hauses soll eine Anspielung auf die benötigte Armkraft in dem Beruf sein, darüber thront der preußische Adler. Das sieht schon beeindruckend aus. Hinein sollte man aber auf alle Fälle auch gehen, der Eintritt ist frei. Das Innere des Hauses vermittelt ein Gefühl für das damalige Leben. Es wird vielseitig für Veranstaltungen genutzt, mit wechselnden Kunstausstellungen sowie Literatur- und Filmveranstaltungen hat es sich fest in der Potsdamer Kunst- und Kulturszene etabliert. Herausragend die Keramikausstellung „Die einfache Gebrauchsform“ im Obergeschoss. Da lacht das Herz jedes Keramikliebhabers! Die wundervolle Sammlung wurde von Siegfried Lachmann über viele Jahre mit Leidenschaft zusammengetragen. Krüge, Kannen, Schüsseln, Flaschen in allen Größen, Backformen, Töpfe und mehr sind Zeugnisse vom Leben in vergangenen Zeiten. Blickfang ist die bunte Bunzlauer Keramik: Die mit Schwämmen aufgetragenen Muster wurden ihr Markenzeichen und sind heute weltberühmt. Eine wahre Augenweide! Die Leidenschaft dafür wurde bei Siegfried Lachmann schon früh geweckt, seine Großeltern hatten eine Pension und benutzten dort „Bunzlauer“ für die Gäste. Ihm gefiel das als Kind ganz besonders, und so steht sie heute im Mittelpunkt der Sammlung. Geschichten, die das Leben schreibt.

TIPP

Der schöne Hinterhof lädt zu einer kleinen Pause ein, auf Nachfrage gibt es sogar Kaffee.

- Museumshaus Im Güldenen Arm, Hermann-Elflein-Straße 3, 14467 Potsdam www.imgueldenenarm.de
- ÖPNV: Straßenbahn 91, 94, 98, Haltestelle Luisenplatz-Süd/Park Sanssouci, wenige Minuten Fußweg

Schlösser & Spione

48 Die Glienicker Brücke

Dass die Glienicker Brücke ein Glücksort ist, kann wohl niemand abstreiten. Zu viel unserer Geschichte ist damit verbunden, dazu bietet sie einen fantastischen Ausblick auf die herrliche Potsdamer Kulturlandschaft. Sogar Humboldt hat festgestellt, dass „der Blick mit den schönsten Punkten der Welt wetteifert"! Majestätisch liegt die schwungvolle grüne Stahlträgerbrücke vor uns. Fertiggestellt 1907, zeugt sie vom Repräsentationsbedürfnis Kaiser Wilhelms II., der auch die Kolonnaden auf der Potsdamer Seite der Brücke bauen ließ. Beeindruckt betritt man das Bauwerk, auf allen Seiten bieten sich berauschende Ausblicke. Wir nähern uns der Mitte, der ehemaligen Grenzlinie zwischen der DDR und Westberlin. Was für ein Gefühl! Heute kann man über diese Linie einfach so hinweggehen, hin und zurück und wieder hin und zurück. Niemand hindert einen daran, ein emotionaler Moment. Drei spektakuläre Agentenaustausche fanden hier statt, die Bilder haben Weltgeschichte geschrieben. Im Film Bridge of Spies wird der erste gezeigt, für den Dreh am Originalschauplatz ließ man die Brücke drei Tage sperren, ein wahres Spektakel. Aber wenden wir uns von der Politik ab und richten unser Augenmerk auf die herrliche Umgebung. Die Brücke überquert die Havel mit ihrem regen Schiffs- und Bootsverkehr. Rechts erblicken wir das Schloss Babelsberg in seiner strahlenden Schönheit, geradeaus auf der Berliner Seite die Anlagen des Schlossparks Glienicke und links in der Ferne die Heilandskirche Sacrow, ein kleines Juwel. Jedes davon wert, besucht zu werden. Auf dem Weg zurück fällt die Villa Schöningen ins Auge. Lange Zeit im Grenzgebiet gelegen, erstrahlt sie heute wieder in alter Schönheit und dient als Ausstellungsort. Mit ihrem herrlichen Park ist sie ein absoluter Geheimtipp! So viel Schönheit muss jetzt erst mal verdaut werden, das nur wenige Gehminuten entfernte Restaurant GARAGE du PONT ist dafür der perfekte Ort. Mit seiner spannenden Geschichte und dem Oldtimermuseum ist es fast ein weiterer Glücksort.

TIPP

Unter der Brücke befindet sich eine Haltestelle des Potsdamer Wassertaxis.

- Glienicker Brücke, Berliner Straße, 14467 Potsdam
- ÖPNV: Straßenbahn 93, Haltestelle Glienicker Brücke, wenige Minuten Fußweg

Einfach nur Wohlfühlen …

49 Der JaSu Laden | natural balance

Im Holländischen Viertel macht es echt Spaß zu bummeln, schön sind Architektur und die vielen kleinen Läden. Ein wahres Kleinod ist der JaSu Laden. Man tritt ein in eine magische Welt voller schöner Dinge, ein großer Buddha begrüßt die Kunden mit der Namaste-Geste. Man fühlt sich gleich Willkommen. Schmuck, Edelsteine und Mineralien, Duft- und Räucherwaren, exotische Dekoartikel, nachhaltige Mode und vieles mehr will bestaunt werden. Über eine kleine Treppe nach oben gelangt man in einen Raum mit Klangschalen und Saiteninstrumenten. Er gibt auch einen schönen Eindruck über die Bauweise der alten Holländerhäuser. Aber der wohl größte Anziehungspunkt im Laden ist eindeutig das weiße Regal mit den vielen Glasfläschen voller bunter Öle. WOW! Ist das schön! Diese Reaktion ist für Ladeninhaberin Sumana nichts Neues, wohl jeder Besucher steht staunend davor. Seit 14 Jahren führt sie dieses Geschäft, als langjährige Feng-Shui-Expertin bietet sie auch Wohn- und Geschäftsraumberatung an. Wer selbst mehr über Feng Shui erlernen möchte, kann das auch in individuellen Einzel- oder Gruppenschulungen tun. Ebenfalls gibt es die Möglichkeit für Klangevents und Workshops. Ihre große Liebe zum Leben und der Natur ist fühlbar. Sie habe in ihrem Leben so viele Geschenke erhalten – nun ist es an der Zeit, dieses Glück in Dankbarkeit an Mutter Erde zurückzugeben. Ihre Worte berühren. Nun aber zurück zu den bunten Flaschen – was hat es denn damit auf sich? Die zweifarbigen Öle von Aura-Soma® sind gefüllt mit Energien von Farben, Pflanzen und Kristallen. Besucher des JaSu Ladens sind eingeladen, intuitiv ihre Lieblingsfarbkombination zu wählen, gemeinsam wird ihre Bedeutung erkundet. Das Auftragen der Öle direkt auf den Körper kann Wohlgefühl und Vitalität aufbauen und erhalten. 1984 wurde das Unternehmen von der Engländerin Vicky Wall ins Leben gerufen. Eine ganz spannende Geschichte. Wer mehr darüber wissen möchte, kann eine Beratung zu speziell diesen Ölen buchen. Ja – hier gibt's echt Glück zu erleben!

- JaSu Laden, Benkertstraße 23, 14467 Potsdam, Tel. (03 31) 29 42 69
www.jasuladen.de
- ÖPNV: Straßenbahn 92, 96, Haltestelle Nauener Tor

Friedrichs Maulbeeren

50

Der Weberplatz in Babelsberg

Da steht er, der uralte knorrige Maulbeerbaum, der letzte von gut 3000 seiner Art im ehemaligen Weberviertel in Babelsberg. Diese wurden unter Friedrich II. gepflanzt, der König hatte hochtrabende Pläne. Seide wollte er hier in Potsdam produzieren. Da das Lieblingsessen der Seidenraupen Maulbeerblätter sind, mussten also diese Bäume her. Die Sache lief letztendlich nicht wie geplant, die Maulbeerbäume überlebten nicht. Heute erinnert nur diese alte Baumschönheit an das große Vorhaben. Gestützt muss sie schon werden, was aber nichts ändert an ihrem majestätischen Erscheinungsbild. Den Weberplatz zu besuchen, ist eine kleine Zeitreise. Schaut man sich hier um, entdeckt man noch viele weitere Relikte aus der friderizianischen Epoche. Denn es war der König, der die kleinen Weberhäuschen bauen ließ. Er gewährte böhmischen Protestanten Asyl, die ihr Land verlassen mussten: Jeder von ihnen bekam eins der Häuser und ein Stück Land geschenkt. Der clevere König dachte dabei auch an seinen Vorteil, er bekam neue Arbeitskräfte für das durch Kriege und Epidemien ausgelaugte Preußen. Das hat am Anfang gut funktioniert, letztendlich aber ging die Rechnung nicht auf. Heute können wir uns am Weberplatz noch an vielen dieser kleinen, schön restaurierten Häuser erfreuen – sie sind schon eine Augenweide.

Auch sonst ist der Platz ein schöner Ort, baumbestanden bietet er schattige Ruheplätze, von denen aus man das Treiben hier beobachten kann. Die schlichte Kirche zieht den Blick an, auch sie wurde von Friedrich II. für die Weber erbaut. Der sinnierende, vor dem Eingang sitzende Herr ist übrigens Johann Amos Comenius, ein tschechischer Philosoph und Pädagoge. Wieder etwas dazugelernt! So ruhig wie der Platz oft erscheint, kann er aber auch sehr lebendig sein. Berühmt sind sein Böhmischer Weihnachtsmarkt und das Böhmische Weberfest, auch Veranstaltungen wie Klassik am Weberplatz im Juni ziehen jedes Jahr viele Fans an. Samstagvormittag lockt der Floh- und Bauernmarkt mit seinem bunten Angebot.

TIPP

In den Straßen um den Weberplatz herum gibt es eine Vielzahl von Cafés und Restaurants.

● Weberplatz, 14482 Potsdam, www.babelsberg-potsdam.de
● ÖPNV: Bus 601, 616, 690, 693, Haltestelle Rathaus Babelsberg, Straßenbahn 94, 99, Haltestellen Rathaus Babelsberg oder S Babelsberg/Wattstraße, wenige Minuten Fußweg

Filmstars lassen grüßen

51

Das Filmmuseum Potsdam im Marstall

Das Filmmuseum Potsdam ist ein Hingucker. Das orange leuchtende Gebäude mit seinen imposanten Pferdeplastiken über den Eingängen blickt außerdem auf eine lange Geschichte zurück. 1685 als „Pomeranzenhaus" entstanden, ist es sogar das älteste erhaltene Bauwerk in Potsdam. Pomeranzen nannte man Orangen, die exotischen Bäumchen waren damals beliebte Objekte für Lustgärten. Das Gebäude diente als Winterquartier für die mediterranen Gewächse. Später in einen Marstall für die königlichen Pferde umgewandelt, erhielt es unter Friedrich II. sein barockes Äußeres. Nach Kriegszerstörungen wurde es aufwendig saniert, heute erstrahlt der Prachtbau wieder in alter Schönheit. Seit 1981 dient er als Filmmuseum – ein Juwel in der Potsdamer Kulturlandschaft und für Filmfans ein wahres Eldorado! Betritt man das Foyer, wird man natürlich gleich filmtechnisch eingestimmt. Kernstück des Museums ist die ständige Ausstellung „Traumfabrik – 100 Jahre Film in Babelsberg". Eingeteilt in sieben Themenräume gewährt sie einen spannenden Einblick ins Filmbusiness von früher und heute. Ein hoher Spaßfaktor entsteht durch die Interaktivität der Ausstellung: In der „Castingbox" kann man sich in Filmszenen hineinkopieren, im „Tonstudio" gibt es dann noch per Karaoke den passenden Soundtrack dazu. So schnell wird man Filmstar! Natürlich gibt es auch ganz viel Historisches zu bestaunen. Im Obergeschoss präsentiert das Museum Wechselausstellungen. Legendär die bereits mehrfach gezeigte Sandmann-Ausstellung, außerdem wurde Stars wie Klaus Kinski und Romy Schneider Tribut gezollt. Kultmäßig auch die Ausstellung über die Olsenbande: „Mächtig gewaltig" ist natürlich das Motto! Das bequeme Kino lädt ein zu historischen Spiel- und Dokumentarfilmen, aber auch zu aktuellen Produktionen. Stummfilme werden mit Livemusik an einer Kinoorgel von 1929 begleitet, und regelmäßig finden Veranstaltungen mit Gästen und Publikumsgesprächen statt. Also: Film ab!

TIPP

Auch Filmstars brauchen mal eine Pause, gleich nebenan geht es indie Genusswerkstatt!

- Filmmuseum Potsdam, Breite Straße 1a, 14467 Potsdam, Tel. (03 31) 27 18 10 www.filmmuseum-potsdam.de
- ÖPNV: diverse Straßenbahnlinien, Haltestelle Alter Markt/Landtag

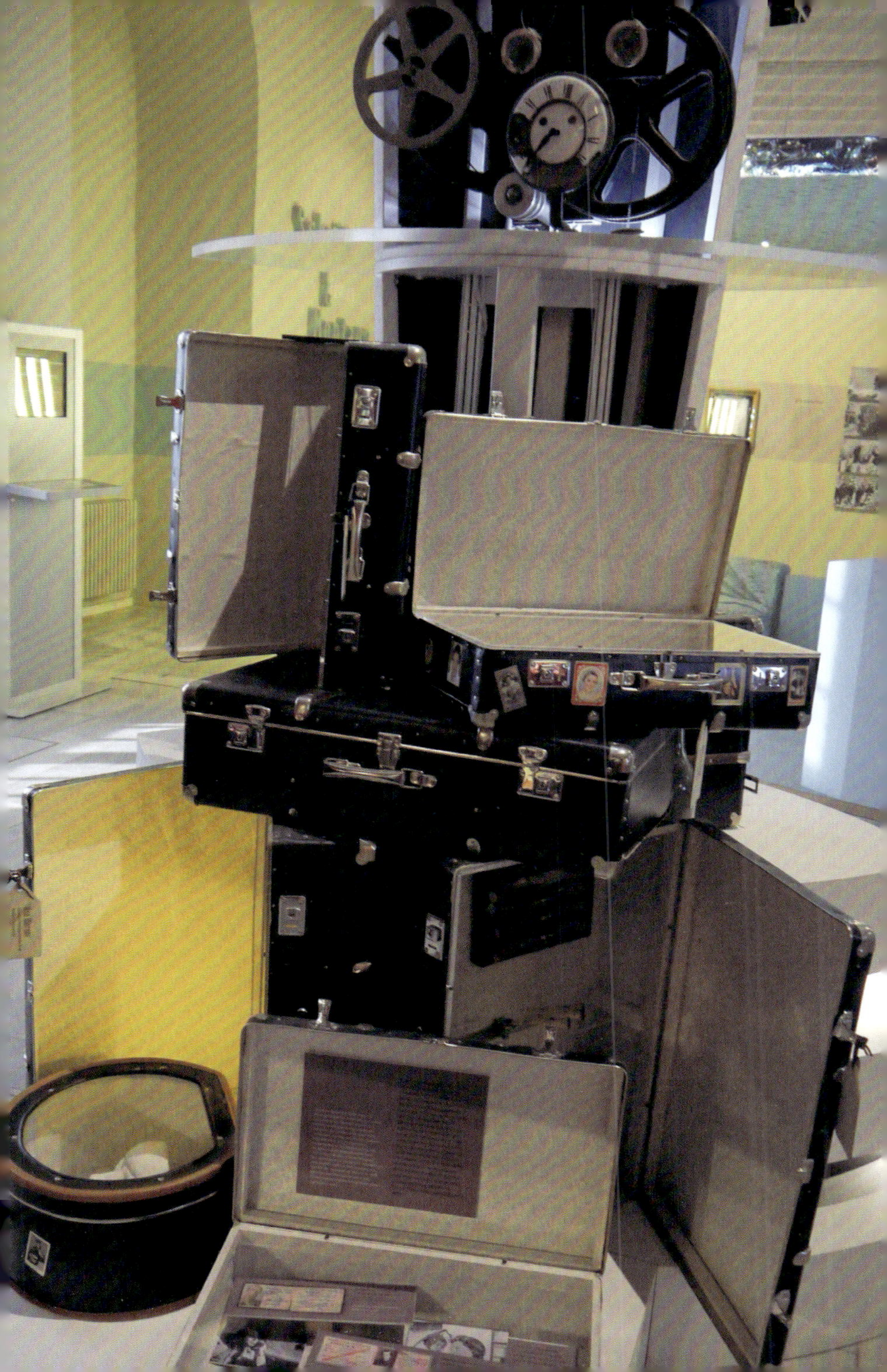

Kulturelles Herz der Stadt

52 Kunst und Kultur in der Schiffbauergasse

Wer mal richtig überbordend glücklich sein will, muss der Schiffbauergasse einen Besuch abstatten. Das in der Berliner Vorstadt wunderschön am Tiefen See gelegene Areal gilt heute als Potsdams Kulturstandort Nummer eins, ist aber auch Heimstatt für innovative Gewerbe. Die vielen historischen Gebäude zeugen von seiner spannenden Geschichte. In den 90er-Jahren des 20. Jahrhunderts wurde der Standort neu erschlossen, saniert, umgebaut und viel Neues errichtet. Heute bestaunt man hier ein buntes Bild aus Kunst, Kultur, Gastronomie und modernem Gewerbe. Der Name Schiffbauergasse geht auf das frühe 19. Jahrhundert zurück, als ein Engländer namens Barnett hier anfing, Dampfschiffe zu bauen. An ihn erinnert das am Kai liegende Restaurantschiff John Barnett und lädt zu kulinarischem Genuss ein, Blick auf den Babelsberger Park inklusive! Die spätere militärische Nutzung ist auch heute noch sichtbar, hervorzuheben ist die denkmalgeschützte Schinkelhalle, ehemals Teil der Reitstallanlage. Unser schickes Hans-Otto-Theater dominiert durch seine spektakuläre Architektur das Bild, direkt am Tiefen See gelegen, bietet es mit seinem breit gefächerten Spielplan für jeden Geschmack das Passende. Beim Bummeln hier kann man eine Menge entdecken: Ob es die fabrik ist, ein Zentrum für Tanz und Bewegung, das kultige Waschhaus in der ehemaligen Garnisonswäscherei – die Location für Konzerte – oder das T-Werk mit seinen außergewöhnlichen Inszenierungen. Und die moderne Architektur der Neubauten, in denen sich neben renommierten Namen auch viele junge Unternehmen angesiedelt haben, ist absolut sehenswert. Die Schiffbauergasse ist ein Mikrokosmos, der einfach nur Spaß macht! Und sollte man auf der John Barnett keinen Platz gefunden haben: Es gibt noch mehr Kulinarisches zu entdecken. Dass der Fabrikgarten als die schönste Strandbar Potsdams gilt, verwundert nicht. Hier lässt es sich toll relaxen. Ein Besuch der Schiffbauergasse ist daher ein absolutes Muss für Glücksortsucher!

- Kunst- und Kulturquartier Schiffbauergasse, Schiffbauergasse, 14467 Potsdam
www.schiffbauergasse.de
- ÖPNV: Straßenbahn 93, Haltestelle Schiffbauergasse/Berliner Straße, Straßenbahn 94, 99, Haltestelle Schiffbauergasse/Uferweg

HANS
OTTO
THEATER
SPIELZEIT 2018/19
JOHN BARNER
SCHIFFRESTAURANT

Kunstwerke für die Seele

53 Manufaktur SauberKunst in der Dortustraße

„Hereinspaziert" steht am Schaufenster von „SauberKunst"..., na dann mal los und schauen, was es hier so gibt! Wir treten ein und werden empfangen von viel Weiß und Maigrün – ob es die Wände, die Regale oder Schürzen der Mitarbeiter sind. Dazwischen ganz viel Buntes, in Pastellfarben locken uns schöne Dinge in diesem Laden, dazu kommt ein betörender Duft: in Handarbeit produzierte und mit viel Liebe verpackte Körperpflegeprodukte, die rein vegan, ohne Palmöl und ohne Mikroplastik sind. Das ist das Sauberkunstversprechen! Alle Produkte werden in einer kleinen Manufaktur in der Nähe von Potsdam produziert, Nachhaltigkeit, fairer Handel und hochwertige Rohstoffe sind selbstverständlich. Die Liebe zu ihren Produkten kann man hier im Laden spüren, Wohlfühlatmosphäre trifft es auf den Punkt. Jetzt aber erst einmal schauen, was es denn so alles im Angebot gibt: Die Pflanzenölseifen sind der absolute Blick- und Duftfang. In allen erdenklichen Pastellfarben locken sie, manche sehen aus wie Erdbeer-Vanille-Eiscreme, andere in schillernden Grün- und Türkistönen, dekoriert mit Blümchen, Schmetterlingen oder Früchten ... Es ist einfach nur traumhaft anzusehen, vom Duft mal ganz abgesehen. Dazu gibt es jeweils eine Seife des Monats, zum Beispiel „Espresso-Orange", dekoriert mit echten getrockneten Orangenscheiben. Bei diesen Prachtstückchen stellt sich dann sogar die Frage: nur angucken, reinbeißen oder doch benutzen? Schwierig ... Aber noch viel mehr erfreut das Herz: Gesichtspflegeprodukte, Rasierseifen, Lippenpflege, Cremedeos, feste Shampoos und Badezusätze, um nur einige zu nennen. Freude machen dabei auch die fantasiereichen Namen wie Morgenlicht, Abendgold, Lavendeltraum, Luxusweib, Bienenliebe, Froschkönig oder Schneeengel. Welcher Name zu welchem Produkt gehört darf dann selbst entdeckt werden! Gerne werden auch Geschenke liebevoll zusammengestellt, die Freude des Beschenkten ist vorprogrammiert. Alles in allem kann man hier nur feststellen: Was für ein duft(end)er Glücksort!

- Manufaktur SauberKunst Potsdam, Dortustraße 53, 14467 Potsdam, Tel. (03 31) 23 70 74 41, www.sauberkunst.de
- ÖPNV: Straßenbahn 91, 94, 98, Haltestelle Dortustraße

Schmücken & Schenken

54 Die Boutique Freudenhaus

Sich selbst etwas Gutes zu tun oder anderen eine Freude zu machen, ist etwas sehr Schönes. Die Boutique Freudenhaus in der Lindenstraße kann einem da prima weiterhelfen. Schon vor der Tür stimmt die bunte Dekoration darauf ein, was im Laden wartet. Ohs und Ahs kann man beim Eintritt kaum zurückhalten, das Herz schlägt höher, hier sind wir richtig! Die Besitzerin Petra Stienemann strahlt über das ganze Gesicht, sie ist wohl das Staunen der Besucher gewöhnt. Seit 2007 hat sie die kleine Boutique hier, und man sieht ihr die Freude daran an – und auch, dass sie stolz darauf ist: Es sollte keine normale Boutique werden, sondern ein Kleinod. Ein irdisches Eden für Frauen jeden Alters mit ausgefallenem Sortiment nach dem Motto: Schönes, Schräges, Schillerndes. Ja, das ist ihr voll gelungen! Ihre Angebotspalette ist umfangreich, Home-Deko, Lifestyle-Produkte, Accessoires und Lederwaren sind in großer Auswahl vorhanden, aber auch die vielen kleinen schnuckeligen Dinge wie Ketten, Armbänder, Schals und Tücher, Seifen und vieles mehr begeistern. Interessant auch die Idee einer eigenen Designlinie, Potsdame ist eine eingetragene Marke. T-Shirts und Kochmützen mit Strass, Schminktaschen, Schlüsselanhänger, Kugelschreiber und anderes werden in hochwertiger Qualität präsentiert. Auffallend auch die Liebe zu Engeln, die findet man hier in allen möglichen Variationen. Witzige Frösche, oft mit Krönchen, wollen wach geküsst werden. Sie werden besonders gerne von Männern gekauft, verrät Petra Stienemann. Tja, wie soll man das nun verstehen? Offenbar schauen auch Männer gerne hier rein – wer ein Geschenk sucht, dürfte definitiv fündig werden. Außerdem kann man die leise Musik genießen sowie den herrlichen Duft nach Seife – und einfach beschwingt sein. Wie soll der Mann einer Kundin mal gesagt haben: „Sie machen Frauen glücklich und Männer ärmer.“ So sei es!

- Freudenhaus – Schmücken und Schenken, Lindenstraße 53, 14467 Potsdam, Tel. (03 31) 2 01 18 33, www.freudenhaus-potsdam.de
- ÖPNV: Straßenbahn 91, 94, 98, Haltestelle Dortustraße, wenige Minuten Fußweg

Kiezbummel mit Stil

55 Ein Spaziergang um die Erlöserkirche

Kinderwagen, Fahrräder und parkende Autos scheinen die Wohngegend um die Erlöserkirche zu dominieren. Wären da nicht die berauschend schönen Wohnhäuser aus dem 19. Jahrhundert, ein wahrer Augenschmaus! Mitten zwischen ihnen steht die Erlöserkirche mit ihrem 74 Meter hohen Kirchturm, erbaut 1896 bis 1898 im neogotischen Stil. Die bürgerlichen Mietshäuser und schicken Villen drumherum wurden in schönster Form restauriert, ihre Fassaden strahlen und zeugen vom Wohlstand der damaligen Bewohner, oftmals Beamte aus dem Bürgertum. Besonders schön anzusehen sind die vielen schmiedeeisernen Balkone, ihre heutigen Bewohner schmücken sie im Sommer mit Blumenpracht. Die Jugendstil-Dekorationen vieler Häuser begeistern, die sind in Potsdam eine Seltenheit! Aber das Areal ist kein steriles Architekturmuseum, nein, hier ist urbanes Leben. Die beliebte Wohngegend ist Anziehungspunkt für junge Familien mit Kindern, die großen Wohnungen sind dafür perfekt. Die Carl-von-Ossietzky-Straße soll sogar die kinderreichste Straße Deutschlands sein. Na, wenn das kein Titel ist! Bummelt man nachmittags durch den Kiez, glaubt man das gerne. Muttis über Muttis mit ihrer Kinderschar, ein fröhliches Treiben herrscht hier. An den Zäunen der Vorgärten sieht man angeschlossene Fahrräder, viele mit Kindersitzen. Hier einen Parkplatz zu erhaschen, dürfte ein Glücksspiel sein. Gleich um die Ecke in der Geschwister-Scholl-Straße findet man das bunte Café- und Kneipenangebot. Freitags gibt es direkt vor der Kirche einen kleinen Wochenmarkt. Der verträumte Platz mit der Buche in der Mitte wird dann auch zum Treffpunkt für die Anwohner, hier kann man ganz entspannt mal wieder mit dem Nachbarn schwatzen. Die Erlöserkirche zieht mit ihren vielfältigen Kulturveranstaltungen eine feste Fangemeinde an, die Weihnachts- und Silvesterkonzerte sind legendär! Tja, es sieht so aus, als ließe es sich hier wirklich gut leben. Aber auch als Besucher kann man sich richtig wohlfühlen.

- Erlöserkirche am Doktor-Rudolf-Tschäpe-Platz, 14471 Potsdam
  www.stadtteilnetzwerk.de/dr-rudolf-tschaepe-platz
- ÖPNV: Bus 605, 606, X5, Straßenbahn 91, 94, 98, Haltestelle Bahnhof Charlottenhof/Geschwister-Scholl-Straße

Hier ist echt was los!

56

Die Geschwister-Scholl-Straße

Es ist nicht die ruhigste Straße in Potsdam, man könnte wohl eher sagen: „Hier steppt der Bär“, wahrlich eine Gegend erfüllt von urbanem Leben! Die lang gezogene Straße führt aus der Innenstadt hinaus in die Brandenburger Vorstadt. Durch Reihen bürgerlicher Mietshäuser aus dem 19. Jahrhundert verläuft sie entlang des Parks Sanssouci zum Kaiserbahnhof. Der erste Teil ist geprägt von einer lebendigen Kiezkultur, während es weiter hinten mehr bürgerlich-beschaulich wird. In der Brandenburger Vorstadt leben Jung und Alt dicht beieinander. Viele wohnen schon ihr ganzes Leben hier, andere sind in den letzten Jahren zugezogen. Die Gegend ist attraktiv und sehr beliebt. Auch ihr abwechslungsreiches Angebot an Kneipen, Cafés, Restaurants und kleinen Läden zieht die Menschen an. Hier kann man jederzeit eintauchen in das quirlige Kiezleben, bereits vormittags wird sich in Cafés getroffen, locken Bäcker und Bioladen, oder man schaut im Buchladen auf einen Schwatz vorbei. El Cafecito, I Fratelli, Lokal oder Viktoriagarten sind Namen, deren Träger man auf jeden Fall kennenlernen sollte. Kultcharakter auf der Meile hat definitiv die Waschbar – eine Institution in der Stadt –, schon weithin zu erkennen an ihrer spacigen Dachdekoration. Offensichtlich schauen hier auch ab und zu gerne Außerirdische vorbei …

Die Kombi aus Waschsalon und Kneipe gibt es seit 2003, sie ist mit ihrem Waschservice und dem warmen, mexikanisch-amerikanischen Flair des Restaurants ein absoluter Anziehungspunkt. Nicht zu vergessen die super leckere Speisekarte. Im Sommer draußen auf der Terrasse das Leben im Kiez bei einem kühlen Bier beobachten – das isses! Erschöpft von all dem Trubel braucht man nur ein paar Hundert Meter weiter geradeaus zu laufen. Rechts geht es dann gleich hinein in den Park Sanssouci, und man steht vor dem kleinen Schloss Charlottenhof. Kieztrubel und besinnliche Ruhe so dicht beieinander – perfekt!

TIPP
Den Kaiserbahnhof (von außen) anschauen, er liegt ebenfalls dicht am Park Sanssouci.

- Geschwister-Scholl-Straße, 14471 Potsdam
- ÖPNV: Straßenbahn 91, 94, 98, Haltestelle Auf dem Kiewitt

ASTRA
WASCHBAR
82

Filme, Filme, Filme

57 Das Programmkino Thalia in Babelsberg

Babelsberg – welcher Filmfan bekommt da nicht leuchtende Augen? Seit mehr als hundert Jahren wird an diesem Ort Filmgeschichte geschrieben. Da verwundert es nicht, dass sich gerade hier ein absolutes Lieblingskino befindet: das Programmkino Thalia, ebenfalls vor Kurzem hundert Jahre alt geworden. Das sieht man diesem Glücksort aber überhaupt nicht an, ganz im Gegenteil, er sprüht vor Leben! Kein Wunder auch bei dem Namen, Thalia ist eine der neun Musen, die als Göttinnen der Künste agieren. So klappt das mit dem Glück! Aber warum fühlt man sich so wohl hier im Thalia, was hat das Kino, das andere nicht haben? Ganz eindeutig Herz! Hier wird Kino mit viel Liebe gemacht und das spürt man. In vier Sälen kann man Filme aller Genres genießen, große Blockbuster, aber viel mehr noch kleine, feine Filmkunst. Die Auswahl macht's! Und so haben Filmenthusiasten oftmals die Qual der Wahl. Zielgruppenorientierte Filmreihen locken, zum Beispiel für Senioren die „Silberstreifen“ oder das „Kinderwagen-Kino“ für junge Eltern. Das muss wirklich ein hübsches Bild sein, ein Kinosaal voller Kinderwagen. Kultig auch die gut hundert Aufführungen im Jahr mit Gästen: Regisseure und Schauspieler geben sich dann die Ehre. Das Besondere dabei ist, dass es danach zusammen ins Foyer geht, so kann man auf Tuchfühlung mit den Filmschaffenden gehen. Wer hier nicht schon alles Gast war … Ganz schick in Schale werfen bitte für den Programmpunkt „MET Opera“, Liveaufführungen aus der Metropolitan Opera in New York in brillanter Bild- und Tonqualität. Plus ein Glas Begrüßungssekt, und dann einfach richtig gut gehen lassen. Apropos, natürlich gibt es auch sonst diverse Erfrischungsgetränke, Popcorn und einiges mehr, was das Filmeschauen noch schöner macht. Falls nach der Vorführung noch ein Absacker gewünscht ist: Das integrierte KinoCafé Konsum lässt fast keine Wünsche offen. Fazit: Das Thalia muss man einfach lieben. Dass es 2016 zum Kino des Jahres gekürt wurde, ist wirklich kein Wunder.

- Thalia Programmkino, Rudolf-Breitscheid-Straße 50, 14482 Potsdam, Tel. (03 31) 7 43 70 20, www.thalia-potsdam.de
- ÖPNV: Straßenbahn 94, 99, Haltestelle S Babelsberg/Wattstraße

MOONLIGHT
BARRY JENKINS
BEALE STREET
GOLDEN GLOBE
TRUST LOVE ALL THE WAY
AB 7. MÄRZ NUR IM KINO
4
3
2
1
WC

Schmuck mit Schwung

58

Kunsthandwerk im Ketten-Chaos-Design

Ganz ehrlich, diesen kleinen, etwas verrückten Laden im Holländischen Viertel darf man nicht verpassen: Ketten-Chaos-Design – tritt man ein, scheint der Name sofort Programm zu sein. Da schwirren die Sinne, so viele Eindrücke stürzen auf den Besucher ein. Dabei hat alles hier seine Ordnung! Mit der – wie sie sich selbst gerne bezeichnet – leicht „verrückten" Besitzerin des Ladens, Daniela Schwung, kommt man schnell ins Gespräch. Auch bei ihr verspricht der Name nicht zu viel, lebhaft erzählt sie von ihrer großen Liebe, diesem bezaubernden Laden. Jahrelang bei Wind und Wetter mit ihren Ketten und Armbändern auf Märkten der Region vertreten, wurde der Wunsch, einen eigenen kleinen Laden zu besitzen, gehegt und gepflegt. Nun ist er Realität, und was für eine! Ein über und über geschmückter alter Apfelbaum ist das dominierende Element im Geschäft, er war und ist die Grundlage ihrer Ladenidee. Traumzauberbaum nennt sie ihn, und das hat vor allem mit der gleichnamigen berühmten DDR-Schallplatte zu tun. Die kennt fast jeder, der hier aufgewachsen ist. Nun steht der legendäre Baum leibhaftig vor uns – da kommt man aus dem Staunen nicht mehr heraus. Illustre Herrschaften wie die Hausdrachenprinzessin, Hedwig die Eule oder der bekiffte Hausmeister – natürlich nur als Stofffiguren - sind hier anzutreffen. Die Namensgebung geht auf Daniela Schwung zurück. Die etwa 28 Meter lange „Fröbelstern-Kette" mit momentan 2186 Sternen verblüfft, jeder einzelne Stern wurde von ihr selbst gefaltet. Fragen nach dem Preis bringt Spaß! Fast der gesamte Schmuck, der hier zu sehen ist, wurde von der Ladeninhaberin in Handarbeit gefertigt. Da puzzelt und friemelt jemand wirklich leidenschaftlich gern. Die in einer speziellen Fädeltechnik hergestellten Schmuckstücke sind dabei ihre große Leidenschaft. Übrigens kann man hier auch Regalfächer mieten, eine tolle Möglichkeit für kreative Kunsthandwerker, die keinen eigenen Laden haben.

● Ketten-Chaos-Design, Benkertstraße 16, 14467 Potsdam, Tel. (01 76) 21 00 03 76
www.kettenchaosdesign.de
● ÖPNV: Straßenbahn 92, 96, Haltestelle Nauener Tor

Wer meckert, zahlt drauf!
Zentrum der Welt
Fotoerlaubnis

Rokoko & Fladenbrot

59

Das Restaurant Piccolo Pane

Italienische Köstlichkeiten im Holländischen Viertel? Ja, das kleine Holländerhaus, in dem sich das Restaurant Piccolo Pane befindet, ist etwas ganz Besonderes. Hier kann man im Gastraum noch original Rokoko-Wandmalereien aus den 1730er-Jahren finden. Ihre Entdeckung war vor Jahren eine Sensation – durch Glaswände geschützt, kann man sie beim Genießen der Piccolo-Pane-Kreationen bestaunen. Wahrlich beeindruckend! Das gilt aber auch für das kleine Restaurant, hier wird alles mit Liebe gemacht, das spürt man. Bereits beim Eintreten werden die Gäste herzlich wie alte Freunde begrüßt. Da muss man sich natürlich sofort wohlfühlen. Italienische Musik umschmeichelt die Ohren, die schöne, schlichte Einrichtung in dem historischen Raum wirkt edel und doch einladend. „Unwiderstehliche Köstlichkeiten aus Italien" verspricht die Titelseite der Speisekarte, das glaubt man sofort. Nicht zu vergessen: die hervorragenden Weine sowie lokale Limonaden und Biere. Und vor allem natürlich das Piccolo Pane mit verschiedenen Salamisorten, Rosmarinschinken, Thunfisch oder auch vegetarisch, um nur eine Auswahl zu nennen. Mit Frischkäse, Tomaten, Mozzarella, Rucola ..., da kann man sich kaum entscheiden. Kein Problem, von dieser Spezialität kann man jederzeit auch zwei essen: Es handelt sich um ein hausgemachtes dünnes und ohne Fett gebackenes Fladenbrot mit ausgesuchten Füllungen. Gastgeber Marcus erklärt das gerne auch noch ausführlicher, seine Leidenschaft für das Pane ist ansteckend. Als gelernter BWLer war es schon lange sein Traum, Gastronom zu werden. Nun hat er ihn sich erfüllt, und wie! Neuestes Mitglied im Team ist Hundedame Bibi, der schwarze Zwergschnauzer schläft aber lieber einfach vor sich hin. Also Vorsicht, hier kann man leicht sein Herz verlieren, an das Piccolo Pane, Bibi und die wundervollen Menschen, die ihre Gäste hier willkommen heißen!

- Piccolo Pane, Benkertstraße 21, 14467 Potsdam, Tel. (0173) 6 09 37 11
www.piccolo-pane.de
- ÖPNV: Straßenbahn 92, 96, Haltestelle Nauener Tor

Armano 19,-€
Toscana Rosso 15,-€
Usso Toscana 11,-€
Crémant 14,50€
-Preise außer Haus-

60 Das Buchcafé Canapé in der Dortustraße

Beim Schlendern in der Innenstadt kommt man früher oder später auch an diesem wundervollen Plätzchen vorbei – dem Buchcafé Canapé. In der warmen Jahreszeit zieht es die Blicke magisch an. Eine große weiße Sitzbank mit gemütlichen Kissen, vielen Grünpflanzen rundherum und einer Riesenmenge an Büchern in Regalen, Kisten und auf Tischen. Und als wäre das nicht schon genug, machen verführerische Angebote den Stadtbummlern die Münder wässrig. Zeit für eine Pause? Ein erster Blick gleitet schon mal über die Bücher, die Bestellung wird aufgegeben und los geht's mit dem Schmökern. Es sitzt sich so schön vor diesem altehrwürdigen Haus und bietet die perfekte Aussicht auf das Geschehen in der Altstadt. Ja, so lässt es sich entspannen und genießen! Inhaberin Tatjana Hoffmann verwöhnt ihre Gäste, der selbst gebackene Kuchen mit Schlagsahne und Schokosoße (wer möchte) lässt einen dahinschmelzen, schnell wieder ein Blick in eines der Bücher, die zum Reinschnuppern daneben gestapelt sind, und nebenbei die Passanten ein bisschen beobachten. Nun stellt sich fast die Frage, ob Tatjana Hoffmanns große Leidenschaft eigentlich die Bücher, der selbst gebackene Kuchen oder die leckeren selbst kreierten Drinks sind: Als ehemalige Bartenderin hat sie da viel Erfahrung, das Kuchenbacken macht ihr Spaß (man schmeckt es) und, ja, Bücher gehören von klein auf zu ihrem Leben, erzählt sie mit einem Lächeln im Gesicht. Was für eine schöne Symbiose! Ein Blick in den Innenraum lässt Bücherwürmer staunen, an allen Wänden stapeln sich Bücher bis oben hin. Schön sortiert nach Genres kann man sich gleich voll ins Leseglück stürzen. Dazu die warme Einrichtung mit großen gemütlichen Sofas, Kronleuchter, vielen Kerzen und leiser Musik ... Da vergisst man beinahe, dass auf der Veranda der Kuchen noch nicht alle ist! Büchernarr Tatjana kann hier Privates und Geschäftliches perfekt verbinden und ihre Leidenschaft für handverlesene gebrauchte Bücher ausleben. Und ihre Gäste macht sie dazu auch noch glücklich!

- Buchcafe Canapé, Dortustraße 13, 14467 Potsdam, Tel. (01 76) 56 63 92 99
- ÖPNV: Straßenbahn 91, 94, 98 Haltestelle Dortustraße

CAFÉ
BAR
Granatapfel-
Himbeer-
Minze
Spritz
7,90 €
Kaffee-
spezialitäten
Eiskaffee
6,- €
ART
of
NATURE

Atemberaubende Aussichten

61 Der Panoramablick vom Mühlenberg

Es gibt Orte, die sind lange Zeit ein Geheimtipp, bis irgendjemand ihn verrät ... Das trifft ein bisschen auf das Mühlenberg-Belvedere zu. Die Chancen, dort ganz alleine vor sich hinzuträumen, sind aber immer noch groß. Der Mühlenberg muss schon früher ein romantisches Plätzchen gewesen sein: Der Blick auf Potsdam war herrlich, so sieht man es auf alten Gemälden. Ein paar Windmühlen standen hier, ansonsten konnte man Natur pur genießen. Heute ist das nicht mehr ganz so, aber die vielen Villen aus dem 19. Jahrhundert, die zur Jägervorstadt gehören, machen das allemal wett. Und die schöne Aussicht ist geblieben! Zu Beginn heißt es erst einmal Treppensteigen. Rechts am Winzerberg vorbei geht es viele steile Stufen empor, die alten Laternen geben dem Weg ein besonderes Flair. Etwas aus der Puste gekommen, erreicht man den Aussichtspunkt. Rechts geht es durch die Gittertür – die Sicht ist atemberaubend! Ein weiter Blick öffnet sich auf die Stadt. Im Mittelpunkt die Nikolaikirche, ein Blickfang, daneben der moderne Bau des Mercure Hotels, und man erkennt auch das ehemalige Militärwaisenhaus mit seiner goldenen Caritas. Dazwischen befinden sich viele Wohnhochhäuser aus den 1970er-Jahren, die heute zum Stadtbild gehören. Rechts, wo der Park Sanssouci liegt, ragt der Turm der Friedenskirche heraus. Beeindruckend, die Baugeschichte der Stadt Potsdam auf einen Blick. Auf jeden Fall auf einer der Bänke niederlassen, die Ruhe ist herrlich, und so kann man den Ausblick richtig genießen. Die große Rotbuche, die hier steht, soll einen Umfang von 3,85 Metern haben. Ein beeindruckendes Gewächs! Im Rücken hat man dann noch diese verträumte Villa. Ihr Name „Löwenvilla“ geht auf die zwei an der vorderen Treppe sitzenden Löwen zurück. Neben der beeindruckenden Architektur fasziniert auch ihre Geschichte. Hier fanden konspirative Treffen in Vorbereitung des Attentates auf Hitler am 20. Juli 1944 statt. Der Besitzer der Villa, Fritz von der Lancken, gehörte zum Kreis der Verschwörer.

TIPP
Von der Löwenvilla aus zurück in die Stadt laufen, es gibt herrliche Villen zu bestaunen.

- Mühlenberg-Belvedere, Schopenhauer Straße/Ecke Weinbergstraße, 14469 Potsdam
- ÖPNV: Bus 614, X 15, Haltestelle Friedenskirche

Von „Poztupimi“ bis Potsdam

62

Das Potsdam Museum am Alten Markt

Schön ist er immer noch, der Alte Markt in Potsdam, galt er doch einmal als einer der schönsten Barockplätze Europas, erbaut unter Friedrich II. 1945 wurde er schwer zerstört, viele Gebäude teilweise abgerissen, wiederaufgebaut und rekonstruiert. Heute kann man wieder vieles der damaligen Pracht nachempfinden. Allem voran das Potsdam Museum im Alten Rathaus, weithin leuchtend die weiße Fassade mit den acht Dreiviertelsäulen, darüber stolz erhaben sechs Statuen, die bürgerliche Tugenden symbolisieren, alles gekrönt vom goldenen Atlas, das Himmelsgewölbe tragend. Barock pur! Die Atlasfigur wog zuerst etwa 120 Zentner, kein Wunder, dass sie zwischendurch einmal herunterfiel. Das muss ein Spektakel gewesen sein, zum Glück soll aber niemand zu Schaden gekommen sein. Seitdem ziert das Haus eine leichtere Kupferfigur. Im Krieg zerstört, wurde es in den 1960er-Jahren wiederaufgebaut und als Kulturhaus Hans Marchwitza eröffnet. Es war eine Institution in Potsdam, hier wurde geheiratet, gefeiert – legendär die berühmten Faschingsveranstaltungen – und Kultur zelebriert. Heute gehört das Alte Rathaus mit seinen beiden Nachbargebäuden dem Potsdam Museum. Herausragend ist die ständige Ausstellung „Potsdam – eine Stadt macht Geschichte“. Mit mehr als 400 Originalexponaten gibt sie einen tollen Einblick in die über tausendjährige Stadtgeschichte. Damals hieß die Stadt übrigens noch „Poztupimi“! Wechselnde Sonderausstellungen zur Kunst- und Kulturgeschichte sind eine perfekte Ergänzung, die vielfältigen Veranstaltungen und Diskussionsreihen zu aktuellen Themen immer Publikumsmagnete. Beim Bummeln durch das Haus entdeckt man das Wandgemälde Potsdamer Alltag von Werner Nerlich, zur Eröffnung 1966 fertiggestellt. Die Säulen davor sind mit Riemchensteinen aus der berühmten Hedwig-Bollhagen-Manufaktur verziert. Das Potsdam Museum vereint mit diesem Haus das alte und neue Gesicht der Stadt. Ein wahrer Glücksort für Potsdamer und Besucher!

TIPP

Das kleine, gemütliche Café Central im Hause lädt drinnen und draußen zum Entspannen ein.

- Potsdam Museum – Forum für Kunst und Geschichte, Am Alten Markt 9, 14467 Potsdam, Tel. (03 31) 2 89 68 68, www.potsdam-museum.de
- ÖPNV: diverse Straßenbahnlinien, Haltestelle Alter Markt/Landtag

POTSDAM MUSEUM
UMKAMPFTE WEGE
MODERNE

„Don't pay the ferryman“

63

Die Seilfähre Tussy II in Caputh

Nein, so wie es im berühmten Song empfohlen wurde, sollten wir es dann doch nicht handhaben! Denn die Überfahrt hier am Gemünde, einem Verbindungsstück zwischen zwei Havelseen, ist die kleine Gebühr auf jeden Fall wert. Egal von welcher Seite man übersetzt – die Fähre verbindet Caputh und Geltow –, ist es ein besonderes Erlebnis. Und ob als Fahrradfahrer oder Fußgänger, die andere Seite ist nur per Seilfähre zu erreichen. Ein bisschen Anstehen ist in der Hochsaison angesagt, viel Platz gibt es auf der Fähre nicht. Aber das gehört eindeutig zum Spaß dazu, denn langweilig wird es nicht! Hier ist immer etwas los, Autos, Fahrradfahrer, Kinderwagen, Fußgänger, Hunde ... alle wollen ihren Weg abkürzen. Denn gäbe es die Fähre nicht, würde der Umweg zwischen den Orten etwa 20 Kilometer betragen. 1853 wurde ein erster Fährverkehr aufgenommen, mit Stakstangen steuerte man die alte Wagenfähre die etwa 80 Meter hinüber. Da bot die 1928 gebaute motorisierte Seilfähre dann doch mehr Komfort. Genannt wurde sie „Tussy“, welche Geschichte mag wohl dahinterstecken? Nun, die Dame kam in die Jahre und heute überquert ihre Nachfolgerin Tussy II die Wasserenge. Eine lokale Berühmtheit könnte man sie heute schon nennen. Auf der Caputher Seite gibt es viele kleine Gaststätten und Cafés, direkt am Wasser gelegen sind sie perfekt zum Relaxen, Genießen und um dem unterhaltsamen Fährverkehr zuzusehen. Denn der bringt den regen Bootsbetrieb auf diesem Stück Havel immer wieder zum Stoppen, es wird daher nie langweilig für die Zuschauer. Geht man noch ein Stück die Uferpromenade entlang, erreicht man die Eisenbahnbrücke. Über sie führt ein Fußgängerweg, man könnte also auch hier das Caputher Gemünde überqueren. Aber mal ehrlich, wer möchte denn schon sein Fahrrad die vielen Treppen hochschleppen, wenn er ganz gemütlich die Seilfähre nehmen kann?! Also zurück, den Fährmann bezahlen und sich auf die kurze Überfahrt freuen. Was für ein Glücksmoment!

TIPP

Im Fährhaus Caputh mit seinem herrlichen Ausblick einzukehren, ist schon fast ein Muss.

- Fähre Caputh, Straße der Einheit, 14548 Schwielowsee, Tel. (03 32 09) 7 18 48 www.faehre-caputh.de
- ÖPNV: Bus 607, Haltestellen Caputh, Schule, oder Caputh, Feldstraße, oder mit dem Schiff: www.schifffahrt-in-potsdam.de/linienfahrten

F
Seilfähre
TUSSY II

Raus und wieder rein

64 Die ehemalige Exklave Klein-Glienicke

Merkwürdig: Man läuft über die Glienicker Brücke, verlässt Potsdam, ist in Berlin und kommt kurz danach wieder in Potsdam an! Wie das denn? Wir folgen der Königstraße, links liegen Park und Schloss Glienicke, kurz danach geht's rechts ab nach Klein-Glienicke. Vorbei am Jagdschloss Glienicke – übrigens zu Berlin gehörend – erreicht man nach wenigen Minuten den Potsdamer Ortsteil. Während der deutschen Teilung war Klein-Glienicke eine Exklave der DDR, vom Rest der Stadt durch Grenzen räumlich abgetrennt, umgeben vom damaligen West-berlin. An der engsten Stelle war Klein-Glienicke nur 15 Meter breit, an beiden Seiten stand die Mauer. „Blinddarm der DDR" wurde es genannt, seine damals etwa 500 Bewohner brauchten einen Passierschein. Viele Geschichten gibt es über diese Zeit zu erzählen, man kann sich aber auch anschauen, was es heute Schönes hier gibt. Links zum Beispiel die kleine Backsteinkapelle, im Sperrgebiet stehend war sie zur Wende dem Einsturz nahe. Heute erstrahlt sie wieder in alter Pracht. Rechts davon das alte Jagdschloss Glienicke mit seinem schönen Park. Diesem kleinen „Berliner Glücksort" sollten wir ausnahmsweise auch einen Besuch abstatten, die Sicht auf Potsdam ist spektakulär. Die etwa in den 1870er-Jahren gebauten Schweizerhäuser ziehen aber auch die Blicke auf sich. Dieser Baustil war eine Zeit total in, Carl von Preußen ließ zwölf dieser Häuser hier bauen, auf ihn geht auch das Schloss Glienicke zurück. Die Schweizerhäuser standen lange im Grenzgebiet, einige wurde abgerissen. Zum Glück blieben aber mehrere erhalten, aufwendig restauriert sind sie heute eine Augenweide. In dem verträumten Örtchen gibt es aber noch einiges mehr zu bestaunen. Überquert man die kleine Parkbrücke, geht es direkt in den Park Babelsberg oder in die Villenkolonie Neubabelsberg. Und auf dem Weg zurück lockt Park Glienicke mit seinem Schinkel-Schloss. Unbedingt etwas Zeit nehmen, um die schöne Gegend zu erkunden. Denn wer hier nicht glücklich wird …

TIPP

Unbedingt dem romantischen Alten Friedhof noch einen Besuch abstatten.

- Klein-Glienicke, hinter der Glienicker Brücke im Ortsteil Wannsee, 14482 Potsdam
- ÖPNV: Straßenbahn 93, Haltestelle Glienicker Brücke, wenige Minuten Fußweg

Manekineko bringt Glück

65 Das Japanzimmer in der Lindenstraße

Lustig flattern vor dem Laden die Wind-Kois, bunte Papierlampen im Schaufenster machen neugierig. Ganz überraschend findet man hier in der barocken Altstadt das Japanzimmer, ein Geschäft für japanische Möbel, Einrichtungsgegenstände, Lampen, Bekleidung und vieles mehr. Man tritt ein und ist weit weg – im Land der aufgehenden Sonne. Die liebevolle Dekoration des Ladens begeistert, leise japanische Musik im Hintergrund schafft eine Atmosphäre, die ein tiefes Wohlgefühl hervorruft. Karin Krämer, die Inhaberin des Geschäfts, lächelt nur. Sie kennt das schon! Gern berichtet sie, wie japanischer Lebensstil in die Stadt Friedrichs des Großen kommt. Seit 13 Jahren hat die Berlinerin ihren Laden hier. Ihr Interesse für die japanische Kultur entstand schon lange vorher durch Kontakte mit Japanern im Freundeskreis. So war es für ihr Umfeld tatsächliche keine Überraschung, als sie einen Laden für japanische Lebensart eröffnete. Die vielfältigen Artikel sind ästhetisch präsentiert, die farbenfrohen Papierlampen schaffen eine ausgesprochen romantische Stimmung, traumhaft schöne Kimonos locken und auf Wunsch kann auch ein Schälchen hochwertiger japanischer Tee probiert werden. Wer gleich Lust hat, seine Wohnung japanisch neu einzurichten, ist hier natürlich auch richtig. Maßgeschneiderte Schränke, die typisch japanischen Shoji-Schiebetüren und Podeste kann man sich hier anfertigen lassen. Viele junge Leute besuchen diesen Laden, erzählt Karin Krämer, es gibt großes Interesse an japanischer Lebenskultur. Das kann man verstehen, die Wohlfühlatmosphäre hier begeistert. Witzig die vielen Glücksbringer, allen voran die Winke-Katze Manekineko, aber auch der kleine Daruma-Mönch ist als Wunsch- und Glücksbringer äußerst beliebt. Vielleicht einen mitnehmen? Glücksbeseelt verlässt man das Japanzimmer, dass die Inhaberin noch nie in Japan war, kann man kaum glauben. Wir waren es jedenfalls soeben!

- Japanzimmer, Lindenstraße 13, 14467 Potsdam, Tel. (03 31) 2 00 67 66 www.japanzimmer.de
- ÖPNV: Straßenbahn 91, 94, 98, Haltestelle Dortustraße, wenige Minuten Fußweg

HOKUSAI

Relativität & Architektur

66

Der Wissenschaftspark Albert Einstein

Ja, wir sind stolz auf unseren Einsteinturm auf dem Telegrafenberg. Eine Ikone der Moderne, ein expressionistisches Meisterwerk aus den 1920er-Jahren, erbaut vom berühmten Architekten Erich Mendelsohn. Barockes Potsdam und Moderne? Doch – passt! Aber es ist nicht nur der Turm interessant. Der Wissenschaftspark Albert Einstein auf dem 96 Meter hohen Telegrafenberg ist insgesamt ein spannendes Ausflugsziel. Ein Spaziergang bergauf führt zum Eingang, beim Pförtner unbedingt um einen Plan bitten. 1874 wurde hier ein Wissenschaftspark im Stil eines englischen Landschaftsgartens angelegt, noch heute zeugen viele imposante rote Backsteingebäude davon. Beeindruckend das Michelson-Haus mit seinen drei riesengroßen Kuppeln und gleich daneben der Große Refraktor. Kaiser Wilhelm II. persönlich hat 1899 das darin aufgestellte Doppelteleskop für das Astrophysikalische Observatorium Potsdam eingeweiht. Bis Ende der 1960er-Jahre wurde es zur Beobachtung des Alls genutzt, nun steht es unter Denkmalschutz. Auf verschlungenen Wegen kann man die Gebäude von allen Seiten betrachten und viele dekorative Details entdecken. Und dann natürlich den berühmten Einsteinturm. Er ist ein Sonnenobservatorium, gebaut zur experimentellen Überprüfung der Relativitätstheorie Albert Einsteins, und noch heute das größte Sonnenteleskop Deutschlands. Der avantgardistische Bau kam aufgrund persönlicher Kontakte zwischen Einstein und Mendelsohn zustande. Der aufstrebende Architekt suchte damals nach neuen Ausdrucksformen, vor allem Stahl und Stahlbeton hatte er als zukunftsweisend erkannt. Seine kleinen Entwurfsskizzen für den Turm sind so visionär wie legendär. Stolz steht er da, beeindruckend in seiner majestätischen Schlichtheit. Mit etwas Fantasie könnte man beinahe Albert Einstein hinter einem der Fenster sehen … Und dank vieler Informationstafeln bleiben keine Fragen zu seiner Entstehungsgeschichte offen. Wie schön, wieder Neues dazugelernt!

TIPP

Auch spannend: Auf dem Weg liegt der AbenteuerPark Potsdam mit großem Kletterwald.

● Wissenschaftspark Albert Einstein, Telegrafenberg, 14473 Potsdam
www.urania-potsdam.de/seite/304701/einsteinturm
● ÖPNV: Bus 691, Haltestelle Telegrafenberg

Für den feinen Hunger

67 Delikatessen im In Vino Feine Kost

Stadtbummel machen eindeutig hungrig, da kommt ein kleiner Stärkungssnack doch gerade recht. Ganz besonders Leckeres gibt es im Delikatessengeschäft In Vino Feine Kost in der Gutenbergstraße. Mitten in der barocken Altstadt gelegen, ein perfektes Plätzchen, um den kleinen Hunger mit großem Genuss zu stillen. Vorsicht: Käseliebhaber könnten hier beim Eintreten Schnappatmung bekommen, die Käsetheke ist überwältigend! Am besten erst einmal alles in Ruhe begutachten. Ladeninhaberin Monika Lange, aber auch ihre netten Mitarbeiter, helfen gerne mit Informationen über die Köstlichkeiten weiter. Die Vielzahl teilweise exotisch aussehender Käsesorten zeugt von der Begeisterung der Chefin für dieses Produkt. Leidenschaftlich erklärt sie, wo die einzelnen Käse herkommen. Namen wie Crémeux de Bourgogne Truffe, Fourme d'Ambert und Rocamadour verführen einfach dazu, ihren Geschmack zu testen. Die große Auswahl an Wurstwaren, fast alles von einem süddeutschen ökologischen Bauernhof bezogen, ist ebenso verlockend. Und dann diese leckeren Antipasti, eingelegte Oliven, Paprika und Pilze, Frischkäsecremes, marinierter Mozzarella und noch vieles mehr ... Da wird der kleine Hunger plötzlich größer. Neugierig geworden erfährt man zwischendurch auch, wie die Idee zu diesem Laden zustande kam. Zusammen mit Ehemann André Zibolsky betrieb Monika Lange schon viele Jahre eine Weinhandlung. Bereits dort gab es eine kleine Genussecke, die große Leidenschaft fürs Kochen gab dann den Ausschlag, ein eigenes Delikatessengeschäft zu eröffnen. Zum Glück ihrer Kunden! Auf jeden Fall sollte man neben dem tollen Käse auch ein Stück Wurst mitnehmen, und am besten noch etwas Walnusstapenade oder Reh-Pâté mit Tannenspitzen – einfach himmlisch. Brot dazu bekommt man in den umliegenden Bäckereien. „Wir sind hier alle irgendwie qualitätsbesessen", sagt Monika Lange. „Danke", kann man da nur antworten.

TIPP

Die Weinhandlung In Vino findet man gleich um die Ecke in der Dortu. straße 61, nur für den Fall ...

- In Vino Feine Kost, Gutenbergstraße 23, 14467 Potsdam, Tel. (03 31) 58 13 98 50 www.invino-potsdam.de/feine-kost/
- ÖPNV: Straßenbahn 92, 96, Haltestelle Nauener Tor, wenige Minuten Fußweg

IN VINO
Cantal
IN VINO
IN VINO
IN VINO
IN VINO

Mehr als nur Obstwein ...

68

Die Inselstadt Werder

Werder, die kleine Schönheit nahe Potsdam, ist ein tolles Ausflugsziel. Der Erholungsort bietet wirklich viel, Kultstatus hat das jährlich Ende April stattfindende Baumblütenfest. Bereits seit 1879 wird es gefeiert, mehr Besucher wollte man anlocken und damit den Umsatz der heimischen Obstbauern fördern. Der Plan ging auf, heute zählt es zu den größten Volksfesten Deutschlands. Aber die Stadt lässt sich ohne Trubel natürlich am besten erkunden. Unser Ziel ist die kleine Inselstadt von Werder. Eine Brücke verbindet sie mit dem Festland, ein traumhafter Blick tut sich auf. Rechts grüßen die Heilig-Geist-Kirche und die Bockwindmühle, ein Postkartenmotiv, das blaue Havelwasser lässt alles noch mehr leuchten. Ein schöner Uferweg führt um die Insel, überall eröffnen sich fantastische Ausblicke über die Havel und das andere Ufer. Die Innenstadt bietet vor allem kleine Straßen und Gässchen, hier scheint die Zeit stehen geblieben zu sein. Schön restauriert begeistern die vielen einstöckigen Fischerhäuser, liebevoll von ihren Bewohnern dekoriert. Hinter fast jeder Ecke überraschen neue Aussichten und Anblicke. Stolz thront die neogotische Heilig-Geist-Kirche auf einem Hügel, sie ist das Wahrzeichen der Insel und scheint die Menschen schon von Ferne anzulocken. Gleich daneben leuchtet strahlend das Alte Rathaus. Der Marktplatz im Herzen der Insel ist wahrlich beeindruckend. Schmuck sanierte Bürgerhäuser umranden ihn, die uralte „Friedenseiche" in der Mitte, ein Prachtstück aus dem 19. Jahrhundert. Kleine Restaurants und Cafés laden zum Verweilen ein. Dem berühmten Sohn der Inselstadt – dem Maler Karl Hagemeister – ist „Café & Brasserie Hagemeister" gewidmet. Urgemütlich und liebevoll eingerichtet ist es, Originalgemälde vom Meister gibts hier aber leider nicht. Die hängen heute in vielen Museen. Die farbenfreudigen Bilder der Malerin Anna Filimonova entschädigen dafür aber. Also einfach Platz nehmen und genießen! Ja, die kleine Inselstadt Werder kann man ohne Zögern einen Glücksort nennen!

- Inselstadt Werder, 14542 Werder
www.reiseland-brandenburg.de/orte-regionen/top-orte/werder-havel
- ÖPNV: Bus 631, Haltestelle Post, oder mit dem Schiff:
www.schifffahrt-in-potsdam.de/fahrplan/linienfahrten

INSEL
RESTAURANT

Oase zwischen Hochhäusern

69

Die Neustädter Havelbucht

Ein Spaziergang entlang der Neustädter Havelbucht ist etwas ganz Besonderes. Dicht beieinander liegen Großstadtleben und Naturlandschaft, ein Ort zum Entspannen. Die ehemals viel größere Havelbucht wurde in den 1980er-Jahren teilweise zugeschüttet, um Baufläche für moderne Hochhäuser zu schaffen, wie ein Riegel umarmen sie die Bucht. Den herrlichen Ausblick, den ihre Bewohner haben müssen, kann man sich gut vorstellen. Dazwischen leuchtet Friedrichs Barock, die goldene Caritas vom ehemaligen Militärwaisenhaus strahlt im Hintergrund. Ein Uferweg ermöglicht das Umrunden der ganzen Bucht, Bänke laden zum Verweilen ein, immer wieder lassen neue Ausblicke erstaunen. Viel Grün im Uferbereich schafft einen hohen Erholungswert, besonders schön sind die japanischen Zierkirschen auf der nördlichen Wiese, ein Geschenk Japans anlässlich des Mauerfalls. Wenn sie im Frühjahr blühen, strahlt ihre rosa Blütenpracht. Besonderer Blickfang an dieser Stelle ist eindeutig die Moschee. Potsdam und Orient? Klar – diese hier ist aber in Wirklichkeit ein altes Dampfmaschinenhaus, erbaut in den 1840er-Jahren als Pumpenhaus für die Wasserspiele im Park Sanssouci. Unser „Romantiker auf dem Thron" Friedrich Wilhelm IV. ließ es als malerischen Akzent im orientalischen Stil bauen. Kurz darauf gelangt man zum kleinen Yachthafen. Richtig romantisch wirkt er, die vielen Enten und Schwänen vervollständigen den Eindruck. Auf einer kleinen Wiese stehen ungewöhnliche Plastiken, sie alle wurden von Künstlern zur Verschönerung der Anlage und uns zur Freude geschaffen. Ein genauer Blick auf sie lohnt sich! Der Weg führt weiter entlang der Bucht, zwei riesengroße Silberweiden bieten Schatten für die sie umgebenden Rundbänke. Wahrlich ein Ort zum Träumen! Von hier aus kann man den Rückweg über die alte Kiezstraße wählen. Ihre Bebauung stammt größtenteils aus Zeiten Friedrichs II., wir tauchen von der Moderne in die Vergangenheit ein. Eben typisch Potsdam!

TIPP

Das denkmalgeschützte Restaurant Seerose lädt zu deftiger Küche ein, Traumaussicht inklusive.

- Neustädter Havelbucht, Breite Straße, 14467 Potsdam
- ÖPNV: Straßenbahn 91, 94, 98, Haltestelle Auf dem Kiewitt

Eine kleine Träumerei ...

70 Schloss und Park Petzow

Also, die Herren Schinkel und Lenné könnte man heute wohl ein „Dream-Team“ nennen, denn was die beiden im 19. Jahrhundert zusammen geschaffen haben, ist wirklich beeindruckend! Während Karl Friedrich Schinkel die Schlösser baute, gestaltete Peter Joseph Lenné meistens die dazugehörigen Parklandschaften. Ein schönes Beispiel dafür ist der Schlosspark Petzow ganz in der Nähe von Potsdam. Das Dorf Petzow scheint so vor sich hin zu träumen. Eine kleine Dorfstraße führt direkt zum Eingang des Parks – und da steht es, das gelb leuchtende Schloss Petzow. Ein Gutsbesitzer, der wohlhabendste Mann des Ortes, ließ es von Schinkel für sich und seine Familie bauen. Der Tudorstil mit seinen runden Türmen gibt dem Ganzen einen pittoresken Charme. Heute ist das Schloss eine moderne Wohnanlage, eine Besichtigung nicht möglich. Das macht aber gar nichts, denn es gibt hier noch so viel mehr zu sehen. Zum Beispiel den Schwielowsee, unbedingt zum Schiffsanleger hinunterspazieren und den fantastischen Ausblick genießen! Die Ruhe hier, das Plätschern der Wellen und das Geschrei der Möwen, herrlich! Aber der schöne Park will auch noch entdeckt werden, er umschließt einen kleinen See. Nichts wurde dem Zufall überlassen – Meister Lenné hat alles das wohl inszeniert, kleine Baumgruppen, Hügel und Sichtachsen waren sein Markenzeichen. Dazwischen Blickfänge wie die Fischerhütte, ein Waschhaus und eine Schmiede. Schön sollte alles sein! Das ist es heute noch, auch nach so vielen Jahrzehnten kann man dieses Kleinod noch richtig genießen. Und da jeder Ort eine Kirche braucht, gab es die dann auch dazu. Der neoromanische Bau steht auf dem Grelleberg, eine baumbestandene Allee führt uns zu ihm. Schaut man zurück, ist in der Sichtachse wieder das Schloss zu sehen. Auch die Kirche wurde nach einem Schinkel-Entwurf gebaut, ein kleines Meisterwerk. Ihre schlichte Schönheit und der Blick auf die Landschaft sind umwerfend. Petzow ist wahrlich ein Glücksort und das nicht nur für Träumer!

TIPP

Das urige Restaurant Fontane Klause lädt zu einer kulinarischen Pause ein.

- Schlosspark Petzow, 14542 Werder OT Petzow
  www.petzow-online.de
- ÖPNV: Bus 607, Haltestelle Petzow, Schlosspark, oder mit dem Schiff:
  www.schifffahrt-in-potsdam.de/fahrplan/linienfahrten

Eine Verführung in Orange

71

Der Sanddorn-Garten in Petzow

Betritt man den Sanddorn-Garten in Petzow, wird einem ganz orange vor Augen. Was nicht weiter wundert, denn hier ist alles voll mit weithin orange leuchtenden Sanddornsträuchern. Pure Gesundheit strahlt dem Besucher entgegen: Der hohe Vitamin-C-Gehalt der Beeren eignet sich perfekt für Säfte, aber wer denkt, das war's, irrt sich. Und wird hier im Sanddorn-Garten eines Besseren belehrt – auf angenehmste Weise! Schon gut 20 Jahre gibt es den Sanddorn- und Wildfrucht-Erlebnisgarten. Direkt am Glindower See und einen Steinwurf vom Schlosspark Petzow gelegen, ist er schon eine kleine Berühmtheit in der Region geworden. Das verwundert gar nicht, so viel Tolles ist hier zu entdecken. Alleine der wunderschöne Garten mit seinen Sanddornsträuchern, Wildkräutern und unzähligen Blumen ist eine Augenweide. Der Hofladen empfängt mit einer Wucht von Produkten in Orange – alles in Bioqualität und mit viel Liebe hergestellt. Die Auswahl reicht von verschiedenen Sanddornsäften über Sanddornöle, Fruchtaufstriche, leckere Liköre und Weine bis zu den kultigen Sanddorn-Fruchtbärchen. Mehr als 50 Produkte aus eigener Herstellung verlocken zum Probieren und Kaufen, der Vitamin-C-Bonus macht es einfach ... ist doch alles gesund! Und das gilt auch für die Haut, daher gehören hochwertige Sanddorn-Pflegeprodukte mit zum Angebot. Ob Hautcremes, Seife oder Shampoo – für die Schönheit ist gesorgt. Der Sanddorn ist echt ein Alleskönner. Hat man die Qual der Auswahl gemeistert, bedarf es dringend einer kleinen Pause. Natürlich ist auch dafür gesorgt, ob im kleinen Café, im Restaurant Orangerie am See oder auf der Seeterrasse, überall erwartet uns herzliche Gastlichkeit. Am besten den Besuch des Sanddorn-Gartens also ganz entspannt ausklingen lassen und zum Abschied noch einmal eine Runde durch den bezaubernden Garten drehen ...

● Sanddorn-Garten Petzow, Fercher Staße 60, 14542 Werder OT Petzow, Tel. (0 33 27) 4 69 10, www.sanddorn-garten-petzow.de
● ÖPNV: Bus 607, Haltestelle Petzow, Seering

Christine Berger
Spezialitätenmarkt
Petzow
DIE WELT DES SANDD
NEU!

Russische Leckereien

72 Das Café à la Russe in der Lindenstraße

Einladend muten der Name des Restaurants, die Fensterdekoration und die leckeren Speisen an, die draußen großformatig präsentiert werden. Hier sollte man auf keinen Fall einfach vorbeigehen! Das kleine russische Café ist wirklich eine lohnende Entdeckung. Der Samowar im Schaufenster verspricht traditionellen Teegenuss, die kleinen Matrjoschkas, vielleicht das berühmteste russische Souvenir, lachen den Besucher an – und dann herrscht Vorfreude auf Piroschki, Borschtsch und Pelmeni. In warmen Rottönen gehalten, lädt die Ausstattung zum Wohlfühlen ein. Die großen Rosenwandbilder, die gemütliche Sitzbank, ebenfalls in knalligem Rot, und die schwarzen Lacktische dazu – was für eine Kombination! Es läuft leise russische Musik, ein Lieblingsplatz ist schnell gefunden – und da ist er auch schon: der Besitzer des Cafés – und leidenschaftliche Koch – Schamil Chabibov. Sein verschmitzter Charme wirkt sofort. Mit einem fröhlichen „Zdrásstwujtje" – Guten Tag – wird man begrüßt, und wer kein Russisch versteht, findet an einer großen Tafel Hilfestellung. „Kak djela" – wie geht's – uns geht es so was von gut, also her mit der Speisekarte. Kwas, das russische Kultgetränk, durch Gärung aus Brot hergestellt, sollte man wirklich probieren, es ist erfrischend und schmeckt toll. Russischer Tee oder landestypisches Bier passen auch gut zu allen Speisen. Soljanka oder Borschtsch sind weltbekannt und fast ein Muss. Danach vielleicht noch Pelmeni, Piroschok oder Wareniki testen, schmunzelnd erklärt Schamil Chabibov die Unterschiede. Das hört sich alles so appetitlich an, am besten alle bestellen und von jedem ein bisschen probieren. Jetzt noch einen Wodka zum Verdauen? „Na ssdorowje" – Wohl bekomm's! Nach so viel leiblichen Genüssen ist Bewegung angesagt – „da sswidanija" – auf Wiedersehen. An solch einen Glücksort kommen wir gerne wieder!

- Café à la Russe, Lindenstraße 2, 14467 Potsdam, Tel. (03 31) 58 39 77 80
www.cafe-a-la-russe.de
- ÖPNV: Straßenbahn 91, 94, 98, Haltestelle Dortustraße, wenige Minuten Fußweg

Ein Dorf wird Kleinod

73

Das Krongut Bornstedt

Schon aus der Ferne weist die Bornstedter Dorfkirche den Weg zum Krongut Bornstedt. Nur wenige Gehminuten vom Schloss Sanssouci entfernt, ist es ein lohnendes, schnell erreichbares Ziel. Italien lässt mal wieder grüßen, unserem „Romantiker auf dem Thron", König Friedrich Wilhelm IV., haben wir auch diese Anlage zu verdanken. Seine Italien-Leidenschaft ließ ihn viele romantische Bauwerke schaffen, plus Traumlandschaft dazu. Das Dorf Bornstedt, heute ein Ortsteil von Potsdam, gibt es schon jahrhundertelang. Die Landschaft nahe dem Park Sanssouci sollte verschönert werden, und somit kam das Dörfchen in den Fokus. Idyllisch am Bornstedter See gelegen, wurde das Krongut, früher schon im Besitz der preußischen Königsfamilie, im italienischen Stil neu erbaut und damit zu einem Mustergut der Hohenzollern. Viel Geschichte „passierte" hier, mehr darüber nachzulesen lohnt sich! Nach umfangreicher Restaurierung ist es heute ein ganz besonderer Erlebnisort. Die Gebäude sind vermietet an Händler und Gastronomen, das ganze Jahr über finden vielfältige Veranstaltungen statt. Allein ein Bummel durch die romantische Anlage lässt einen ins Schwärmen geraten, zu schön ist der Blick über den Rosengarten auf den See. Auf dem trainierte schon vor 100 Jahren der dreimalige schwedische Olympiasieger im Eiskunstlauf, Gillis Grafström, der lange in Potsdam lebte. Neben dem Schlittschuhlaufen locken tolle Hofveranstaltungen: Oster-, Pfingst- und Adventsmarkt sind traditionelle Höhepunkte, die Herrentags-Partys und das jährliche Oktoberfest schon legendär. Auch die regelmäßigen Exerzier- und Rekrutierübungen der Potsdamer Riesengarde „Lange Kerls" sollte man sich nicht entgehen lassen, da gibt es richtig was fürs Auge! Mit leckerem Kuchen verwöhnt die Hofbäckerei, Deftigeres kriegt man nebenan im Brauhaus – und das hausgebraute „Bornstedter Büffel"-Bier ist der ideale Durstlöscher. Der schöne Hof des Krongutes lädt ein zum Entspannen und Genießen, gratis dazu gibt es den tollen Blick auf die Anlage!

TIPP

Auf dem romantischen Bornstedter Friedhof ruhen viele lokale Berühmtheiten, auch Gillis Grafström.

● Krongut Bornstedt, Ribbeckstraße 6/7, 14469 Potsdam, Tel. (03 31) 55 06 50
www.krongut-bornstedt.de

● ÖPNV: Bus 612, 697, 698, Straßenbahn 92, Haltestelle Kirschallee, wenige Minuten Fußweg, Bus 695, Haltestelle Schloss Sanssouci, wenige Minuten Fußweg, am großen Parkplatz vorbei

Gemeinsam für weniger Müll!

74 Der Unverpackt-Laden maßVoll

Am Luisenplatz neben der großen Platane befindet sich Potsdams erster Unverpackt-Laden. Unverpackt, wie geht das denn? Tja, geht sogar recht einfach! Um der globalen Müllproblematik etwas entgegenzusetzen, kam Ladeninhaberin Carolin Schönborn vor Jahren die Idee, einen plastikfreien Laden zu eröffnen. Seit 2018 nun ist maßVoll das erste verpackungsfreie Lebensmittelgeschäft in der Stadt. Aber es gibt noch viel mehr, sozusagen alles für den täglichen Bedarf, von Amaranth gepufft bis Zahnbürsten aus Bambus. Doch wie bekommt man all die schönen Sachen nach Hause transportiert? Einfach die eigenen Behältnisse mitbringen und dann hier abfüllen. Hört sich kompliziert an? Alles nur eine Frage der Planung! Und so funktionierts: Den mitgebrachten Behälter wiegen, gewünschte Waren in den Behälter füllen, Behälter an der Kasse wiegen lassen und bezahlen. Ja, und da sind sie auf einmal ... die Erinnerungen an die Kindheit! Was für ein Spaß, die Gläser, Dosen oder Flaschen selbst abzufüllen, das Rieseln der Haferflocken, rote Linsen oder der verschiedenen Reissorten zu beobachten! Einfach super! Und die Umwelt freut sich auch noch mit! Besser geht's nicht! Und was es hier alles so gibt: Zum Beispiel fast 30 verschiedene Cerealien, 14 Nudelarten, 20 Nussvarianten, aber auch Getreide, Reis, Süßigkeiten und Gewürze aus aller Welt. Wahrlich ein Genuss sind das weiße und braune Mandelmus, wie auch der Honig frisch aus einer tollen Abfüllanlage. Der Prozess des Abfüllens bringt Spaß, er ist eine kleine Herausforderung, aber die Mühe lohnt sich auf jeden Fall! Auch Reinigungs- und Waschmittel, Shampoos, flüssige Handcreme und einiges mehr lassen sich abfüllen. Regionales Obst und Gemüse, Eier, Käse und Kleingebäck sind ebenfalls im Angebot. Das Maskottchen des Ladens ist übrigens die berühmte Maus. Ein kleines Bild mit dem Spruch „Sei stolz auf dich", ein Geschenk zur Einweihung, erinnert Carolin und ihre Kunden täglich daran. Glücklich durch weniger Müll!

● maßVoll, Zeppelinstraße 1, 14471 Potsdam, Tel. (03 31) 95 12 29 50
www.potsdam-unverpackt.de
● ÖPNV: Straßenbahn 91, 94, 98, Haltestelle Luisenplatz-Süd/Park Sanssouci

HASELNUSSKERNE
PARANÜSSE
MANDELN braun
PISTAZIEN
MHD: 31.08.22
MHD: 30.04.23
MHD: 30.09.22
MHD 31.12.22
WIEDER DA!
ohne Rosinen
KEIMFÄHIG
COUCH-CHUNCH
NUSSMIX
HIRSE geschält
Herkunft: Polen
Lieferant: Bode Naturkost
POPCORNMAIS
BUCHWEIZEN
MHD 2.09.23
MHD 30.04.23
MHD 30.06.22
MHD 15.10.22

Glück auf Indisch

75 Das India Haus am Jägertor

Schön ist er, der Blick auf das Jägertor, den baumbestandenen Boulevard und die restaurierten Häuser rundherum – egal, ob man im Restaurant India Haus selbst oder draußen auf der Sommerterrasse Platz genommen hat. Indien und Preußen im Einklang, was für eine Kombination. Wer exotische Speisen liebt, wird sich im India Haus sehr wohlfühlen. Das schöne Restaurant befindet sich in einem prachtvollen Eckhaus direkt vor dem Jägertor. Letzteres wurde 1733 vom legendären „Soldatenkönig" Friedrich Wilhelm I. gebaut, nicht als Schmuck, sondern als Bestandteil einer umfassenden Stadtmauer. Die wiederum nicht Potsdam vor Angreifern schützen, sondern die stationierten Soldaten vom Desertieren abhalten sollte. Ein ganz besonderes Kapitel Potsdamer Stadtgeschichte. Wenden wir uns lieber netteren Dingen zu, nämlich leckerem indischen Essen! Die bunten, typisch indischen Sonnenschirme vor dem Restaurant fallen gleich ins Auge, Palmen und Blumen vermitteln das Gefühl, ganz weit weg zu sein. Unter den großen Schirmen auf der Sonnenterrasse fühlt man sich ganz behütet und kann sich in Ruhe der Speisekarte widmen. Indien-Fans wissen natürlich, was sie erwartet, alle anderen können gespannt sein. Ein Mango-Lassi als Einstieg geht immer, ein kühles Bier sowieso, aber es gibt auch indischen Wein. Gern erklärt man den Gästen, wo der in Indien angebaut wird, die warmherzige Bedienung ist ein weiterer Wohlfühlfaktor. Nach der Vorspeise ein Lammgericht, Hühnchen oder doch vegetarisch? Mutton Shahi Korma, Sukha Bangalore, Chicken Vindaloo oder Mango Chicken, vielleicht aber doch Shahi Panir oder Malai Kofta? Allein die Begriffe zaubern einem schon ein Lächeln aufs Gesicht. Und dann entspannt darauf warten, dass das Essen serviert wird, die Atmosphäre genießen und ein bisschen vom fernen Indien träumen. Die farbenfrohen Speisen sind dann natürlich der größte Genuss!

- Restaurant India Haus, Hegelallee 44, 14467 Potsdam, Tel. (03 31) 2 80 48 13 www.india-haus-in-potsdam.de
- ÖPNV: Bus 692, 695, Haltestelle Jägertor/Justizzentrum, Straßenbahn 92, 96, Haltestelle Nauener Tor, wenige Minuten Fußweg

Eine kleine Glücksbank

76

Die Schwanenallee in der Berliner Vorstadt

Da steht sie am Uferrand! Die Bank, die nur darauf wartet, dass man sich auf ihr niederlässt, um die unfassbar schöne Landschaft zu genießen. Der Blick gleitet über die Havel auf die gegenüberliegende, zu Berlin gehörende Seite. Dampfer und Segelboote kreuzen das Bild. Eine herrliche Aussicht auf die Parkanlage Klein-Glienicke, das weiß leuchtende Casino und der imposante Wasserturm sind zu bestaunen, weiter links in der Ferne grüßt die Heilandskirche Sacrow. Rechts sieht man die Glienicker Brücke, das geschichtsträchtige Bauwerk, die direkte Verbindung zwischen Potsdam und Berlin. Die kleine Bank am Ufer ist eine von vielen, die in der Schwanenallee stehen. Die Straße verbindet die Glienicker Brücke mit dem Neuen Garten, führt direkt zum berühmten Schloss Cecilienhof. Unvorstellbar, dass hier einmal der Grenzverlauf war, die Mauer trennte den schönen Uferbereich von der Allee. Heute ist sie ein beliebter Boulevard, diese Lieblingsbank oft besetzt. Aber es gibt auch beim Bummeln genügend zu sehen. Direkt an der Glienicker Brücke die beeindruckende Villa Schöningen, ein Meisterwerk von Ludwig Persius. Unbedingt einen kleinen Abstecher in die schöne Parkanlage mit ihren riesigen Bäumen machen! Der Spaziergang Richtung Neuer Garten führt entlang imposanter Villen, die jahrzehntelang im Schatten der Mauer standen. Heute erstrahlen sie in alter Schönheit und geben ein tolles Bild ab. Ein Stück weiter das nächste Highlight, das Ensemble der Matrosenstation Kongsnæs, eine ehemalige Anlegestation für Schiffe des preußischen Königshauses, mit denen man Lustfahrten auf der Havel machte. Weithin leuchtet einem schon der imposante rotbraune Torbogen entgegen. Die Reste der im Krieg zerstörten Anlage lagen ebenfalls Jahrzehnte im Grenzgebiet und wurden abgetragen – wie Phönix aus der Asche entstand die Matrosenstation nun wieder. Wenig später gelangt man an den Eingang zum Neuen Garten: Die kleine romantische Schwanenbrücke führt direkt zu einem weiteren Glücksort.

- Schwanenallee, direkt an der Glienicker Brücke, 14467 Potsdam
- ÖPNV: Straßenbahn 93, Haltestelle Glienicker Brücke, wenige Minuten Fußweg

Die Schönste von allen

77

Die Heilandskirche Sacrow

Da steht sie, die bezaubernde Heilandskirche in Sacrow. Die schlichte Schönheit dieser Kirche ist beeindruckend, ihre Geschichte fast noch mehr. Auf einer kleinen Landzunge am Ufer der Havel gelegen, ist sie weithin von fast allen Seiten zu sehen. Ihr majestätischer Glockenturm ragt wie ein Zeigefinger in den Himmel, als wollte er zu einem Besuch auffordern. Nun, hier sind wir! Die Heilandskirche steht im Park Sacrow, einem besonderen Kleinod. Der urwüchsige Park beeindruckt durch seine riesigen Bäume, vor allem Eichen, Kiefern und Platanen. Die wohl schönste Platane steht genau neben dem verträumten Schloss Sacrow. König Friedrich Wilhelm IV. – immer wieder begegnet er uns in Potsdam – baute ein altes Gutshaus zu dem kleinen Schloss um, auch er liebte die schöne Umgebung. Der wildromantische Park am Ufer bietet einzigartige Ausblicke auf die Potsdamer und Berliner Kulturlandschaft. Im Mittelpunkt die fantastische Sicht auf die Glienicker Brücke, dahinter Schloss Babelsberg. Links davon entdeckt man den Schlosspark Glienicke und den schönen Uferbereich, ganz rechts krönt das Belvedere auf dem Pfingstberg dieses unglaubliche Panorama. Man will kaum glauben, dass hier für Jahrzehnte die Berliner Mauer entlangführte, der schöne Park zerschnitten und gesperrt war. Die Heilandskirche stand direkt im Niemandsland, unerreichbar für Besucher und dem Verfall preisgegeben. Schaut man sich aufmerksam den renovierten Turm an, kann man noch Reste von Nachrichten damaliger Grenzsoldaten auf Ziegelsteinen entdecken. Zum Glück wurde das berühmte Bauwerk gerettet, sodass man heute diesen idyllischen Ort ausgiebig genießen und erkunden kann. Die Schlichtheit der Kirche ist das Besondere, blaue Kachelbänder umschließen als einziger Schmuck die Außenwände. Weniger ist mehr – hier zeigt es sich. Unter dem Säulengang kann man die kleine Kirche umrunden, der Ausblick ist auch hier traumhaft. Es ist ein Ort der Stille und Besinnung, ein perfekter Glücksort.

TIPP

Nur wenige Gehminuten entfernt kann man im Ort Sacrow eine kulinarische Pause einlegen.

- Heilandskirche Potsdam-Sacrow, Fährstraße, 14469 Potsdam, www.heilandskirche-sacrow.de, www.spsg.de/schloesser-gaerten/objekt/schloss-sacrow
- ÖPNV: Straßenbahn 96, Endstation Campus Jungfernsee, Umstieg in Bus 697, Haltestelle Schloss Sacrow

Von einer großen Liebe

78

Das Dorf Paretz und sein Schloss

Jetzt wird's richtig romantisch, versprochen! Besuchen wir doch einmal das kleine Dorf Paretz, es wird eine Zeitreise ins frühe 19. Jahrhundert. Schon auf der Fahrt taucht man in die typisch märkischen Landschaften ein, viele Wiesen und Felder, weit geht der Blick. Der Weg führt durch verträumte Örtchen wie Marquardt oder Uetz, hier einen Blick auf die schöne Kirche werfen! Und so wird man langsam eingestimmt auf die ländliche Idylle. Paretz ist eng verbunden mit einer romantischen Liebesgeschichte, der zwischen König Friedrich Wilhelm III. und seiner Frau Luise von Mecklenburg-Strelitz. Schön war sie, anmutig und liebenswert, es war Liebe auf den ersten Blick. Schnell wurde geheiratet, sie galten damals schon als Traumpaar. Zehn Kinder brachte die Ehe hervor, drei wurden berühmt. König Friedrich Wilhelm IV., unser „Romantiker auf dem Thron", wir sind ihm schon in Potsdam begegnet, sein Bruder Wilhelm I., später erster deutscher Kaiser, und Schwester Charlotte als russische Zarin Alexandra Fjodorowna. Geschichte pur! Das junge Königspaar liebte den bürgerlichen Lebensstil, und es zog sie vor allem aufs Land. So baute man sich abseits von der Residenzstadt Potsdam einen kleinen Rückzugsort, das frühklassizistische Schloss Paretz samt Dorfkirche und Musterdorf. Hier lebte die königliche Familie sommers ihr Traumleben, genoss die herrliche Natur und feierte auch mal mit den Dorfbewohnern. Glücklich müssen sie gewesen sein, leider hielt das Glück nicht allzu lange an, Königin Luise starb 1810 mit nur 34 Jahren. Paretz versank in einen Dornröschenschlaf. Wachgerüttelt wurde es Jahrzehnte später unter anderem, weil Theodor Fontane es mehrmals besuchte und darüber in seinen Wanderungen durch die Mark Brandenburg schrieb. Besucht man es heute, kann man sich gut in diese Zeiten einfühlen. Das alte Dorfensemble ist gut erhalten, die bezaubernde kleine Kirche und der wildromantische Schlosspark mit seinem Schloss laden zur Besichtigung ein.

TIPP

Das Gotische Haus Paretz, idyllisch am Park gelegen, ist eine gute Adresse zum Einkehren.

- Schloss und Schlossgarten Paretz, Parkring 1, 14669 Ketzin/Havel OT Paretz www.spsg.de/schloesser-gaerten/objekt/schloss-schlossgarten-paretz, www.paretz-ketzin.de
- ÖPNV: Bus 614, Haltestellen Paretz, Kindergarten, oder Paretz, Schloss

Eis, Eis, Baby ...

79

Die Eismanufaktur Eisfrau in Babelsberg

Eiscreme geht einfach immer! Darüber brauchen wir nicht zu diskutieren. Ob Himbeereis zum Frühstück oder Schokoladeneis abends vor dem Fernseher ... Laut Statistik isst jeder Deutsche rund 7,9 Liter Speiseeis pro Jahr, das sind 113 Kugeln! Die Fragen, die die Gemüter eher bewegen, sind: Wo gibt es das beste Eis in der Stadt? Und welches ist die beste Sorte? Wo es definitiv super leckeres Eis gibt – bei der Eisfrau in Babelsberg! Seit 2015 kann man hier schlemmen, die Eisdiele ist schon eine kleine Berühmtheit. Hier ist immer etwas los, an heißen Sommertagen sollte man etwas Geduld mitbringen, da kommt es schon mal zu einer Warteschlange. Das macht aber überhaupt nichts, die Wartezeit vergeht schnell, die Vorfreude auf das Eis ist groß! Die „Eisfrau" heißt im richtigen Leben Andrea Lisboa, steht hinter der Eisvitrine und erzählt davon, wie sie dazu kam. Quereinsteigerin ist sie, die weltbewegende Frage „Wie viele Erdbeeren sind eigentlich im Erdbeereis?" soll den Anstoß für die neue Karriere gegeben haben. Plus Ausbildung als Speiseeisherstellerin. Glanzstück der Eismanufaktur, hier vor Ort wird produziert (!), ist die Eisvitrine, heute sagt man wohl: „im Retrostil". Alle Eisbehälter sind abgedeckt, die Köstlichkeit ist erst mal gar nicht sichtbar. Nicht weil sie ein Geheimnis wäre, sondern weil es so am allerbesten ist für die Eisqualität. Ohne Stabilisatoren tut Luft dem Eis nicht gut. So war es früher auch, man kennt das von alten Fotos. Eindeutig ein Qualitätsmerkmal. Und schick sieht die Vitrine ja sowieso aus. Aber kommen wir zum Eis: Es gibt acht Milcheis- und acht Sorbetsorten. Schoko, Vanille und Mango sollen hier die Hits sein, damit haben wir uns dieser Frage also auch schon mal angenähert. Toll, dass die Eisspatel und Trinkhalme aus biologisch abbaubarem Material sind, auf Umweltfreundlichkeit wird hoher Wert gelegt! Verführerisch auch die blitzende Espressomaschine, Kaffeegenuss par excellence. Und das Eis erst ...

TIPP

In Potsdam-West gibt es auch noch eine Filiale: Geschwister-Scholl-Straße 2!

- Die Eisfrau, Rudolf-Breitscheid-Straße 42, 14482 Potsdam
- ÖPNV: Straßenbahn 94, 99, Haltestellen Rathaus Babelsberg oder S Babelsberg/Wattstraße

Die
100 % Natur

Was ist denn eine Mopke?

80 Das Neue Palais und die Communs

Da stehen wir nun also … mitten auf der Mopke! Und es ist auf jeden Fall erst einmal schön hier, muss man sagen. Der große Platz wird umrahmt von wahrlich beeindruckenden Gebäuden. Wir sind am Neuen Palais, dem größten von Friedrich II. erbauten Schloss. Eine „Fanfaronade" hat er es selbst genannt, ja, dem stimmt man gerne zu, diesen riesigen Prachtbau kann man schon als „Prahlerei" bezeichnen. Getreu dem Motto „Wer angibt, hat mehr vom Leben" wollte Friedrich II. 1763 nach dem Ende des Siebenjährigen Krieges, den er gewonnen hatte, Europa zeigen, wer der Herr im Hause ist. Daher wurde mit dem Bau des Jahre zuvor als Prestigebau geplanten Neuen Palais sofort begonnen. Man könnte nun glauben, Friedrich wollte es als Residenz nutzen, aber nein, es war ein Gästehaus! Rund 200 Räume, vier Festsäle und ein eigenes Rokokotheater gab's für die hochherrschaftlichen Gäste, von der herrlichen Parklandschaft ganz zu schweigen. Wer wäre da nicht gerne Gast gewesen? Heute wie damals faszinieren die vielen barocken Details, unzählige Sandsteinfiguren schmücken das Palais, bezaubernd die kleinen Engelsköpfe über den ovalen Fenstern. Hoch oben thronen drei güldene Damen mit der Königskrone, die Grazien haben schon immer zu Spekulationen verführt. Man munkelte, dass es Friedrichs weibliche Erzfeindinnen wären, Maria Theresia von Österreich zum Beispiel. Na ja, wer weiß ... Ein großes Haus braucht viel Personal, und so ließ Friedrich gegenüber genauso prunkvoll die Wirtschaftsräume, Küche und Unterkünfte bauen. Kaum zu glauben, aber die Communs sind Nutzbauten. Herrlich die doppelläufigen Freitreppen, es sollte eben alles schön aussehen. Die beiden Gebäude verband man mit einem prunkvollen Kolonnadenbogen, das mächtige Triumphtor vollendete die königliche „Prahlerei". Respekt, Herr König, sieht toll aus! Der große Platz dazwischen wurde standesgemäß für Militärzeremonien und Feste genutzt, er ist mit hochkant verlegten Ziegelsteinen gepflastert. In den Niederlanden abgeguckt, hat der Platz den dort üblichen Namen „Mopke" bekommen. Nun wissen wir's! Und glücklich sind wir noch dazu.

● Neues Palais, Am Neuen Palais, 14469 Potsdam
www.spsg.de/schloesser-gaerten/objekt/neues-palais
● ÖPNV: Bus 605, 695, X5, Haltestelle Neues Palais

In Liebe für Stefan

Bibliografische Informationen der Deutschen Nationalbibliothek
Die Deutsche Nationalbibliothek verzeichnet diese Publikation in der Deutschen Nationalbibliografie; detaillierte bibliografische Daten sind im Internet über http://dnb.d-nb.de abrufbar.

3. Auflage 2022
Konzeption/Satz: Droste Verlag, Düsseldorf
Einbandgestaltung und Illustrationen: Britta Rungwerth, Düsseldorf, unter Verwendung von Bildern von © Fotolia.com: jd – photodesign.de; © iStock: Plociennik Robert
Fotos: Sybille Wesenberg, außer:
S. 9: Potsdam, Park Babelsberg, Goldene Terrasse mit Schloss und Blumenfontäne / Stiftung Preußische Schlösser und Gärten Berlin-Brandenburg / Wolfgang Pfauder; S. 19: Potsdam, Park Sanssouci, Springbrunnen im Atrium der Friedenskirche / Stiftung Preußische Schlösser und Gärten Berlin-Brandenburg / Hans-Werner Mihan; S. 25: augustaleighphotography; S. 39: Potsdam, Neuer Garten, Orangerie / Stiftung Preußische Schlösser und Gärten Berlin-Brandenburg / Hans Bach; S. 41: Potsdam, Pfingstberg, Pomonatempel (Detail) / Stiftung Preußische Schlösser und Gärten Berlin-Brandenburg / Michael Lüder; S. 47: Schloss Lindstedt, Putte / Stiftung Preußische Schlösser und Gärten Berlin-Brandenburg / Sybille Wesenberg; S. 101: Siegfried Lachmann, S. 105: Dorothee Dorner; S. 113: Manuela Clemens; S. 115: Petra Stienemann; S. 149: Sanddorn-Garten Petzow; S. 165: Andrea Lisboa

FSC® www.fsc.org
MIX
Papier aus verantwortungsvollen Quellen
FSC® C011279

Druck und Bindung: LUC GmbH, Greven
ISBN 978-3-7700-2456-8

www.droste-verlag.de